PABLO NERUDA

CANTO GENERAL

I

Novena edición

EDITORIAL LOSADA, S. A.
BUENOS AIRES

Edición expresamente autorizada para la
BIBLIOTECA CLÁSICA Y CONTEMPORÁNEA.

Queda hecho el depósito que marca la ley 11.723.

*Marca y características gráficas registradas
en la Oficina de Patentes y Marcas de la Nación.*

© Editorial Losada, S.A.,
Alsina 1131,
Buenos Aires, 1955,

ISBN 950-03-0053-2

Novena edición

Tapa:
DAVID ALFARO SIQUEIROS,
Madre Campesina.

IMPRESO EN LA ARGENTINA
PRINTED IN ARGENTINA

Esta edición
se terminó de imprimir en
Talleres Gráficos RIPARI s.a
General J.G.Lemos 248, Buenos Aires
en el mes de noviembre de 1988

I

*La lámpara
en la*
TIERRA

AMOR
AMÉRICA
(1400)

ANTES de la peluca y la casaca
fueron los ríos, ríos arteriales:
fueron las cordilleras, en cuya onda raída
el cóndor o la nieve parecían inmóviles:
fue la humedad y la espesura, el trueno
sin nombre todavía, las pampas planetarias.

El hombre tierra fue, vasija, párpado
del barro trémulo, forma de la arcilla,
fue cántaro caribe, piedra chibcha,
copa imperial o sílice araucana.
Tierno y sangriento fue, pero en la empuñadura
de su arma de cristal humedecido,
las iniciales de la tierra estaban
escritas.
　　　　Nadie pudo
recordar después: el viento
las olvidó, el idioma del agua
fue enterrado, las claves se perdieron
o se inundaron de silencio o sangre.

No se perdió la vida, hermanos pastorales.
Pero como una rosa salvaje
cayó una gota roja en la espesura,
y se apagó una lámpara de tierra.

Yo estoy aquí para contar la historia.
Desde la paz del búfalo
hasta las azotadas arenas
de la tierra final, en las espumas
acumuladas de la luz antártica,
y por las madrigueras despeñadas
de la sombría paz venezolana,
te busqué, padre mío,
joven guerrero de tiniebla y cobre,
o tú, planta nupcial, cabellera indomable,
madre caimán, metálica paloma.

Yo, incásico del légamo,
toqué la piedra y dije:

Quién
me espera? Y apreté la mano
sobre un puñado de cristal vacío.
Pero anduve entre flores zapotecas
y dulce era la luz como un venado,
y era la sombra como un párpado verde.

Tierra mía sin nombre, sin América,
estambre equinoccial, lanza de púrpura,
tu aroma me trepó por las raíces
hasta la copa que bebía, hasta la más delgada
palabra aún no nacida de mi boca.

A LAS tierras sin nombres y
sin números
bajaba el viento desde otros dominios,
traía la lluvia hilos celestes,
y el dios de los altares impregnados
devolvía las flores y las vidas.

En la fertilidad crecía el tiempo.

El jacarandá elevaba espuma
hecha de resplandores transmarinos,
la araucaria de lanzas erizadas
era la magnitud contra la nieve,
el primordial árbol caoba
desde su copa destilaba sangre,
y al Sur de los alerces,
el árbol trueno, el árbol rojo,
el árbol de la espina, el árbol madre,
el ceibo bermellón, el árbol caucho,
eran volumen terrenal, sonido,
eran territoriales existencias.
Un nuevo aroma propagado
llenaba, por los intersticios
de la tierra, las respiraciones
convertidas en humo y fragancia:
el tabaco silvestre alzaba
su rosal de aire imaginario.
Como una lanza terminada en fuego
apareció el maíz, y su estatura
se desgranó y nació de nuevo,
diseminó su harina, tuvo
muertos bajo sus raíces,
y, luego, en su cuna, miró
crecer los dioses vegetales.
Arruga y extensión diseminaba
la semilla del viento

11

sobre las plumas de la cordillera,
espesa luz de germen y pezones,
aurora ciega amamantada
por los ungüentos terrenales
de la implacable latitud lluviosa,
de las cerradas noches manantiales,
de las cisternas matutinas.
Y aún en las llanuras
como láminas de planeta,
bajo un fresco pueblo de estrellas,
rey de la hierba, el ombú detenía
el aire libre, el vuelo rumoroso
y montaba la pampa sujetándola
con su ramal de riendas y raíces.

América arboleda,
zarza salvaje entre los mares,
de polo a polo balanceabas,
tesoro verde, tu espesura.
Germinaba la noche
en ciudades de cáscaras sagradas,
en sonoras maderas,
extensas hojas que cubrían
la piedra germinal, los nacimientos.
Útero verde, americana
sabana seminal, bodega espesa,
una rama nació como una isla,
una hoja fue forma de la espada,
una flor fue relámpago y medusa,
un racimo redondeó su resumen,
una raíz descendió a las tinieblas.

II

*ALGUNAS
BESTIAS*

Era el crepúsculo de la iguana.

Desde la arcoirisada crestería
su lengua como un dardo
se hundía en la verdura,
el hormiguero monacal pisaba
con melodioso pie la selva,
el guanaco fino como el oxígeno

en las anchas alturas pardas
iba calzando botas de oro,
mientras la llama abría cándidos
ojos en la delicadeza
del mundo lleno de rocío.
Los monos trenzaban un hilo
interminablemente erótico
en las riberas de la aurora,
derribando muros de polen
y espantando el vuelo violeta
de las mariposas de Muzo.
Era la noche de los caimanes,
la noche pura y pululante
de hocicos saliendo del légamo,
y de las ciénagas soñolientas
un ruido opaco de armaduras
volvía al origen terrestre.

El jaguar tocaba las hojas
con su ausencia fosforescente,
el puma corre en el ramaje
como el fuego devorador
mientras arden en él los ojos
alcohólicos de la selva.
Los tejones rascan los pies
del río, husmean el nido
cuya delicia palpitante
atacarán con dientes rojos.

Y en el fondo del agua magna,
como el círculo de la tierra,
está la gigante anaconda
cubierta de barros rituales,
devoradora y religiosa.

III

*VIENEN
LOS
PÁJAROS*
Todo era vuelo en nuestra tierra.
Como gotas de sangre y plumas
los cardenales desangraban
el amanecer de Anáhuac.
El tucán era una adorable
caja de frutas barnizadas,

el colibrí guardó las chispas
originales del relámpago
y sus minúsculas hogueras
ardían en el aire inmóvil.

Los ilustres loros llenaban
la profundidad del follaje
como lingotes de oro verde
recién salidos de la pasta
de los pantanos sumergidos,
y de sus ojos circulares
miraba una argolla amarilla,
vieja como los minerales.
Todas las águilas del cielo
nutrían su estirpe sangrienta
en el azul inhabitado,
y sobre las plumas carnívoras
volaba encima del mundo
el cóndor, rey asesino,
fraile solitario del cielo,
talismán negro de la nieve,
huracán de la cetrería.

La ingeniería del hornero
hacía del barro fragante
pequeños teatros sonoros
donde aparecía cantando.
El atajacaminos iba
dando su grito humedecido
a la orilla de los cenotes.
La torcaza araucana hacía
ásperos nidos matorrales
donde dejaba el real regalo
de sus huevos empavonados.

La loica del Sur, fragante,
dulce carpintera de otoño,
mostraba su pecho estrellado
de constelación escarlata,
y el austral chingolo elevaba
su flauta recién recogida
de la eternidad del agua.

Mas, húmedo como un nenúfar,
el flamenco abría sus puertas
de sonrosada catedral,

y volaba como la aurora,
lejos del bosque bochornoso
donde cuelga la pedrería
del quetzal, que de pronto despierta,
se mueve, resbala y fulgura
y hace volar su brasa virgen.

Vuela una montaña marina
hacia las islas, una luna
de aves que van hacia el Sur,
sobre las islas fermentadas
del Perú.

Es un río vivo de sombra,
es un cometa de pequeños
corazones innumerables
que oscurecen el sol del mundo
como un astro de cola espesa
palpitando hacia el archipiélago.

Y en el final del iracundo
mar, en la lluvia del océano,
surgen las alas del albatros
como dos sistemas de sal,
estableciendo en el silencio,
entre las rachas torrenciales,
con su espaciosa jerarquía
el orden de las soledades.

IV

LOS RÍOS
ACUDEN

Amada de los ríos, combatida
por agua azul y gotas transparentes,
como un árbol de venas es tu espectro
de diosa oscura que muerde manzanas:
al despertar desnuda entonces,
eras tatuada por los ríos,
y en la altura mojada tu cabeza
llenaba el mundo con nuevos rocíos.
Te trepidaba el agua en la cintura.
Eras de manantiales construida
y te brillaban lagos en la frente.
De tu espesura madre recogías

el agua como lágrimas vitales,
y arrastrabas los cauces a la arena
a través de la noche planetaria,
cruzando ásperas piedras dilatadas,
rompiendo en el camino
toda la sal de la geología,
cortando bosques de compactos muros,
apartando los músculos del cuarzo.

ORINOCO   Orinoco, déjame en tus márgenes
de aquella hora sin hora:
déjame como entonces ir desnudo,
entrar en tus tinieblas bautismales.
Orinoco de agua escarlata,
déjame hundir las manos que regresan
a tu maternidad, a tu transcurso,
río de razas, patria de raíces,
tu ancho rumor, tu lámina salvaje
viene de donde vengo, de las pobres
y altivas soledades, de un secreto
como una sangre, de una silenciosa
madre de arcilla.

AMAZONAS   Amazonas,
capital de las sílabas del agua,
padre patriarca, eres
la eternidad secreta
de las fecundaciones,
te caen ríos como aves, te cubren
los pistilos color de incendio,
los grandes troncos muertos te pueblan de
    perfume,
la luna no te puede vigilar ni medirte.
Eres cargado con esperma verde
como un árbol nupcial, eres plateado
por la primavera salvaje,
eres enrojecido de maderas,
azul entre la luna de las piedras,
vestido de vapor ferruginoso,
lento como un camino de planeta.

TEQUENDAMA   Tequendama, recuerdas
tu solitario paso en las alturas
sin testimonio, hilo
de soledades, voluntad delgada,
línea celeste, flecha de platino,

recuerdas paso y paso
abriendo muros de oro
hasta caer del cielo en el teatro
aterrador de la piedra vacía?

BÍO-BÍO   Pero háblame, Bío-Bío,
son tus palabras en mi boca
las que resbalan, tú me diste
el lenguaje, el canto nocturno
mezclado con lluvia y follaje.
Tú, sin que nadie mirara a un niño,
me contaste el amanecer
de la tierra, la poderosa
paz de tu reino, el hacha enterrada
con un ramo de flechas muertas,
lo que las hojas del canelo
en mil años te relataron,
y luego te vi entregarte al mar
dividido en bocas y senos,
ancho y florido, murmurando
una historia color de sangre.

V

MINERALES   MADRE de los metales, te quemaron,
te mordieron, te martirizaron,
te corroyeron, te pudrieron
más tarde, cuando los ídolos
ya no pudieron defenderte.
Lianas trepando hacia el cabello
de la noche selvática, caobas
formadoras del centro de las flechas,
hierro agrupado en el desván florido,
garra altanera de las conductoras
águilas de mi tierra,
agua desconocida, sol malvado,
ola de cruel espuma,
tiburón acechante, dentadura
de las cordilleras antárticas,
diosa serpiente vestida de plumas
y enrarecida por azul veneno,
fiebre ancestral inoculada
por migraciones de alas y de hormigas,
tembladerales, mariposas

de aguijón ácido, maderas
acercándose al mineral,
por qué el coro de los hostiles
no defendió el tesoro?

Madre de las piedras
oscuras que teñirían
de sangre tus pestañas!
La turquesa
de sus etapas, del brillo larvario
nacía apenas para las alhajas
del sol sacerdotal, dormía el cobre
en sus sulfúricas estratas,
y el antimonio iba de capa en capa
a la profundidad de nuestra estrella.
La hulla brillaba de resplandores negros
como el total reverso de la nieve,
negro hielo enquistado en la secreta
tormenta inmóvil de la tierra,
cuando un fulgor de pájaro amarillo
enterró las corrientes del azufre
al pie de las glaciales cordilleras.
El vanadio se vestía de lluvia
para entrar a la cámara del oro,
afilaba cuchillos el tungsteno
y el bismuto trenzaba
medicinales cabelleras.

Las luciérnagas equivocadas
aún continuaban en la altura,
soltando goteras de fósforo
en el surco de los abismos
y en las cumbres ferruginosas.

Son las viñas del meteoro,
los subterráneos del zafiro.
El soldadito en las mesetas
duerme con ropa de estaño.

El cobre establece sus crímenes
en las tinieblas insepultas
cargadas de materia verde,
y en el silencio acumulado
duermen las momias destructoras.
En la dulzura chibcha el oro
sale de opacos oratorios

lentamente hacia los guerreros,
se convierte en rojos estambres,
en corazones laminados,
en fosforescencia terrestre,
en dentadura fabulosa.
Yo duermo entonces con el sueño
de una semilla, de una larva,
y las escalas de Querétaro
bajo contigo.
                    Me esperaron
las piedras de luna indecisa,
la joya pesquera del ópalo,
el árbol muerto en una iglesia
helada por las amatistas.

Cómo podías, Colombia oral,
saber que tus piedras descalzas
ocultaban una tormenta
de oro iracundo,
cómo, patria
de la esmeralda, ibas a ver
que la alhaja de muerte y mar,
el fulgor en su escalofrío,
escalaría las gargantas
de los dinastas invasores?

Eras pura noción de piedra,
rosa educada por la sal,
maligna lágrima enterrada,
sirena de arterias dormidas,
belladona, serpiente negra.
(Mientras la palma dispersaba
su columna en altas peinetas
iba la sal destituyendo
el esplendor de las montañas,
convirtiendo en traje de cuarzo
las gotas de lluvia en las hojas
y transmutando los abetos
en avenidas de carbón.)

Corrí por los ciclones al peligro
y descendí a la luz de la esmeralda,
ascendí al pámpano de los rubíes,
pero callé para siempre en la estatua
del nitrato extendido en el desierto.
Vi cómo en la ceniza

del huesoso altiplano
levantaba el estaño
sus corales ramajes de veneno
hasta extender como una selva
la niebla equinoccial, hasta cubrir el sello
de nuestras cereales monarquías.

VI

LOS
HOMBRES

Como la copa de la arcilla era
la raza mineral, el hombre
hecho de piedras y de atmósfera,
limpio como los cántaros, sonoro.
La luna amasó a los caribes,
extrajo oxígeno sagrado,
machacó flores y raíces.
Anduvo el hombre de las islas
tejiendo ramos y guirnaldas
de polymitas azufradas,
y soplando el tritón marino
en la orilla de las espumas.

El tarahumara se vistió de aguijones
y en la extensión del Noroeste
con sangre y pedernales creó el fuego,
mientras el universo iba naciendo
otra vez en la arcilla del tarasco:
los mitos de las tierras amorosas,
la exuberancia húmeda de donde
lodo sexual y frutas derretidas
iban a ser actitud de los dioses
o pálidas paredes de vasijas.

Como faisanes deslumbrantes
descendían los sacerdotes
de las escaleras aztecas.
Los escalones triangulares
sostenían el innumerable
relámpago de las vestiduras.
Y la pirámide augusta,
piedra y piedra, agonía y aire,
en su estructura dominadora
guardaba como una almendra

un corazón sacrificado.
En un trueno como un aullido
caía la sangre por
las escalinatas sagradas.
Pero muchedumbre de pueblos
tejían la fibra, guardaban
el porvenir de las cosechas,
trenzaban el fulgor de la pluma,
convencían a la turquésa,
y en enredaderas textiles
expresaban la luz del mundo.

Mayas, habíais derribado
el árbol del conocimiento.
Con olor de razas graneras
se elevaban las estructuras
del examen y de la muerte,
y escrutabais en los cenotes,
arrojándoles novias de oro,
la permanencia de los gérmenes.

Chichén, tus rumores crecían
en el amanecer de la selva.
Los trabajos iban haciendo
la simetría del panal
en tu ciudadela amarilla,
y el pensamiento amenazaba
la sangre de los pedestales,
desmontaba el cielo en la sombra,
conducía la medicina,
escribía sobre las piedras.

Era el Sur un asombro dorado.
Las altas soledades
de Macchu Picchu en la puerta del cielo
estaban llenas de aceites y cantos,
el hombre había roto las moradas
de grandes aves en la altura,
y en el nuevo dominio entre las cumbres
el labrador tocaba las semillas
con sus dedos heridos por la nieve.
El Cuzco amanecía como un
trono de torreones y graneros
y era la flor pensativa del mundo
aquella raza de pálida sombra
en cuyas manos abiertas temblaban

diademas de imperiales amatistas.
Germinaba en las terrazas
el maíz de las altas tierras
y en los volcánicos senderos
iban los vasos y los dioses.
La agricultura perfumaba
el reino de las cocinas
y extendía sobre los techos
un manto de sol desgranado.

(Dulce raza, hija de sierras,
estirpe de torre y turquesa,
ciérrame los ojos ahora,
antes de irnos al mar
de donde vienen los dolores.)

Aquella selva azul era una gruta
y en el misterio de árbol y tiniebla
el guaraní cantaba como
el humo que sube en la tarde,
el agua sobre los follajes,
la lluvia en un día de amor,
la tristeza junto a los ríos.

En el fondo de América sin nombre
estaba Arauco entre las aguas
vertiginosas, apartado
por todo el frío del planeta.
Mirad el gran Sur solitario.
No se ve humo en la altura.
Sólo se ven los ventisqueros
y el vendaval rechazado
por las ásperas araucarias.
No busques bajo el verde espeso
el canto de la alfarería.

Todo es silencio de agua y viento.

Pero en las hojas mira el guerrero.
Entre los alerces un grito.
Unos ojos de tigre en medio
de las alturas de la nieve.

Mira las lanzas descansando.
Escucha el susurro del aire

atravesado por las flechas.
Mira los pechos y las piernas
y las cabelleras sombrías
brillando a la luz de la luna.

Mira el vacío de los guerreros.

No hay nadie. Trina la diuca
como el agua en la noche pura.

Cruza el cóndor su vuelo negro.

No hay nadie. Escuchas? Es el paso
del puma en el aire y las hojas.

No hay nadie. Escucha. Escucha el árbol,
escucha el árbol araucano.

No hay nadie. Mira las piedras.

Mira las piedras de Arauco.

No hay nadie, sólo son los árboles.

Sólo son las piedras, Arauco.

II

Alturas
de
MACCHU PICCHU

Del aire al aire, como una red
vacía,
iba yo entre las calles y la atmósfera, llegando y
        despidiendo,
en el advenimiento del otoño la moneda extendida
de las hojas, y entre la primavera y las espigas,
lo que el más grande amor, como dentro de un guante
que cae, nos entrega como una larga luna.

(Días de fulgor vivo en la intemperie
de los cuerpos: aceros convertidos
al silencio del ácido:
noches deshilachadas hasta la última harina:
estambres agredidos de la patria nupcial.)

Alguien que me esperó entre los violines
encontró un mundo como una torre enterrada
hundiendo su espiral más abajo de todas
las hojas de color de ronco azufre:
más abajo, en el oro de la geología,
como una espada envuelta en meteoros,
hundí la mano turbulenta y dulce
en lo más genital de lo terrestre.

Puse la frente entre las olas profundas,
descendí como gota entre la paz sulfúrica,
y, como un ciego, regresé al jazmín
de la gastada primavera humana.

II

Si la flor a la flor entrega el alto germen
y la roca mantiene su flor diseminada
en su golpeado traje de diamante y arena,

el hombre arruga el pétalo de la luz que recoge
en los determinados manantiales marinos
y taladra el metal palpitante en sus manos.
Y pronto, entre la ropa y el humo, sobre la mesa
        hundida
como una barajada cantidad, queda el alma:
cuarzo y desvelo, lágrimas en el océano
como estanques de frío: pero aún
mátala y agonízala con papel y con odio,
sumérgela en la alfombra cotidiana, desgárrala
entre las vestiduras hostiles del alambre.

No: por los corredores, aire, mar o caminos,
quién guarda sin puñal (como las encarnadas
amapolas) su sangre? La cólera ha extenuado
la triste mercancía del vendedor de seres,
y, mientras en la altura del ciruelo, el rocío
desde mil años deja su carta transparente
sobre la misma rama que lo espera, oh corazón, oh
        frente triturada
entre las cavidades del otoño:

Cuántas veces en las calles de invierno de una ciudad
    o en
un autobús o un barco en el crepúsculo, o en la soledad
más espesa, la de la noche de fiesta, bajo el sonido
de sombras y campanas, en la misma gruta del placer
        humano,
me quise detener a buscar la eterna veta insondable
que antes toqué en la piedra o en el relámpago que
        el beso desprendía.

(Lo que en el cereal como una historia amarilla
de pequeños pechos preñados va repitiendo un número
que sin cesar es ternura en las capas germinales,
y que, idéntica siempre, se desgrana en marfil
y lo que en el agua es patria transparente, campana
desde la nieve aislada hasta las olas sangrientas.)

No pude asir sino un racimo de rostros o de máscaras
precipitadas, como anillos de oro vacío,
como ropas dispersas hijas de un otoño rabioso
que hiciera temblar el miserable árbol de las razas
        asustadas.

No tuve sitio donde descansar la mano
y que, corriente como agua de manantial encadenado,
o firme como grumo de antracita o cristal,
hubiera devuelto el calor o el frío de mi mano
    extendida.
Qué era el hombre? En qué parte de su conversación
    abierta
entre los almacenes y los silbidos, en cuál de sus
    movimientos metálicos
vivía lo indestructible, lo imperecedero, la vida?

III

EL SER como el maíz se desgranaba en el inacabable
granero de los hechos perdidos, de los acontecimientos
miserables, del uno al siete, al ocho,
y no una muerte, sino muchas muertes llegaba a cada
    uno:
cada día una muerte pequeña, polvo, gusano, lámpara
que se apaga en el lodo del suburbio, una pequeña
    muerte de alas gruesas
entraba en cada hombre como una corta lanza
y era el hombre asediado del pan o del cuchillo,
el ganadero: el hijo de los puertos, o el capitán oscuro
    del arado,
o el roedor de las calles espesas:

todos fallecieron esperando su muerte, su corta muerte
    diaria:
y su quebranto aciago de cada día era
como una copa negra que bebían temblando.

IV

LA PODEROSA muerte me invitó muchas veces:
era como la sal invisible en las olas,
y lo que su invisible sabor diseminaba
era como mitades de hundimientos y altura
o vastas construcciones de viento y ventisquero.

29

Yo al férreo filo vine, a la angostura
del aire, a la mortaja de agricultura y piedra,
al estelar vacío de los pasos finales
y a la vertiginosa carretera espiral:
pero, ancho mar, oh muerte!, de ola en ola no vienes,
sino como un galope de claridad nocturna
o como los totales números de la noche.
Nunca llegaste a hurgar en el bolsillo, no era
posible tu visita sin vestimenta roja:
sin auroral alfombra de cercado silencio:
sin altos o enterrados patrimonios de lágrimas.

No pude amar en cada ser un árbol
con su pequeño otoño a cuestas (la muerte de mil hojas),
todas las falsas muertes y las resurrecciones
sin tierra, sin abismo:
quise nadar en las más anchas vidas,
en las más sueltas desembocaduras,
y cuando poco a poco el hombre fue negándome
y fue cerrando paso y puerta para que no tocaran
mis manos manantiales su inexistencia herida,
entonces fui por calle y calle y río y río,
y ciudad y ciudad y cama y cama,
y atravesó el desierto mi máscara salobre,
y en las últimas casas humilladas, sin lámpara, sin
          fuego,
sin pan, sin piedra, sin silencio, solo,
rodé muriendo de mi propia muerte.

V

NO ERES tú, muerte grave, ave de plumas férreas,
la que el pobre heredero de las habitaciones
llevaba entre alimentos apresurados, bajo la piel vacía:
era algo, un pobre pétalo de cuerda exterminada:
un átomo del pecho que no vino al combate
o el áspero rocío que no cayó en la frente.
Era lo que no pudo renacer, un pedazo
de la pequeña muerte sin paz ni territorio:
un hueso, una campana que morían en él.
Yo levanté las vendas del yodo, hundí las manos
en los pobres dolores que mataban la muerte,
y no encontré en la herida sino una racha fría
que entraba por los vagos intersticios del alma.

Entonces en la escala de la tierra he subido
entre la atroz maraña de las selvas perdidas
hasta ti, Macchu Picchu.
Alta ciudad de piedras escalares,
por fin morada del que lo terrestre
no escondió en las dormidas vestiduras.
En ti, como dos líneas paralelas,
la cuna del relámpago y del hombre
se mecían en un viento de espinas.

Madre de piedra, espuma de los cóndores.

Alto arrecife de la aurora humana.

Pala perdida en la primera arena.

Ésta fue la morada, éste es el sitio:
aquí los anchos granos del maíz ascendieron
y bajaron de nuevo como granizo rojo.

Aquí la hebra dorada salió de la vicuña
a vestir los amores, los túmulos, las madres,
el rey, las oraciones, los guerreros.

Aquí los pies del hombre descansaron de noche
junto a los pies del águila en las altas guaridas
carniceras, y en la aurora
pisaron con los pies del trueno la niebla enrarecida
y tocaron las tierras y las piedras
hasta reconocerlas en la noche o la muerte.

Miro las vestiduras y las manos,
el vestigio del agua en la oquedad sonora,
la pared suavizada por el tacto de un rostro
que miró con mis ojos las lámparas terrestres,
que aceitó con mis manos las desaparecidas
maderas: porque todo, ropaje, piel, vasijas,
palabras, vino, panes,
se fue, cayó a la tierra.

Y el aire entró con dedos
de azahar sobre todos los dormidos:

mil años de aire, meses, semanas de aire,
de viento azul, de cordillera férrea,
que fueron como suaves huracanes de pasos
lustrando el solitario recinto de la piedra.

VII

Muertos de un solo abismo, sombras de una
hondonada,
la profunda, es así como al tamaño
de vuestra magnitud
vino la verdadera, la más abrasadora
muerte y· desde las rocas taladradas,
desde los capiteles escarlata,
desde los acueductos escalares
os desplomasteis como en un otoño
en una sola muerte.
Hoy el aire vacío ya no llora,
ya no conoce vuestros pies de arcilla,
ya olvidó vuestros cántaros que filtraban el cielo
cuando lo derramaban los cuchillos del rayo,
y el árbol poderoso fue comido
por la niebla, y cortado por la racha.
Él sostuvo una mano que cayó de repente
desde la altura hasta el final del tiempo.
Ya no sois, manos de araña, débiles
hebras, tela enmarañada:
cuanto fuisteis cayó: costumbres, sílabas
raídas, máscaras de luz deslumbradora.

Pero una permanencia de piedra y de palabra:
la ciudad como un vaso se levantó en las manos
de todos, vivos, muertos, callados, sostenidos
de tanta muerte, un muro, de tanta vida un golpe
de pétalos de piedra: la rosa permanente, la morada:
este arrecife andino de colonias glaciales.

Cuando la mano de color de arcilla
se convirtió en arcilla, y cuando los pequeños párpados
se cerraron
llenos de ásperos muros, poblados de castillos,
y cuando todo el hombre se enredó en su agujero,
quedó la exactitud enarbolada:

el alto sitio de la aurora humana:
la más alta vasija que contuvo el silencio:
una vida de piedra después de tantas vidas

VIII

Sube conmigo, amor americano.
Besa conmigo las piedras secretas.

La plata torrencial del Urubamba
hace volar el polen a su copa amarilla.
Vuela el vacío de la enredadera,
la planta pétrea, la guirnalda dura
sobre el silencio del cajón serrano.

Ven, minúscula vida, entre las alas
de la tierra, mientras —cristal y frío, aire golpeado
apartando esmeraldas combatidas,
oh, agua salvaje, bajas de la nieve.

Amor, amor, hasta la noche abrupta,
desde el sonoro pedernal andino,
hacia la aurora de rodillas rojas,
contempla el hijo ciego de la nieve.

Oh, Wilkamayu de sonoros hilos,
cuando rompes tus truenos lineales
en blanca espuma, como herida nieve,
cuando tu vendaval acantilado
canta y castiga despertando al cielo,
qué idioma traes a la oreja apenas
desarraigada de tu espuma andina?

Quién apresó el relámpago del frío
y lo dejó en la altura encadenado,
repartido en sus lágrimas glaciales,
sacudido en sus rápidas espadas,
golpeando sus estambres aguerridos,
conducido en su cama de guerrero,
sobresaltado en su final de roca?

Qué dicen tus destellos acosados?
Tu secreto relámpago rebelde

antes viajó poblado de palabras?
Quién va rompiendo sílabas heladas,
idiomas negros, estandartes de' oro,
bocas profundas, gritos sometidos,
en tus delgadas aguas arteriales?

Quién va cortando párpados florales
que vienen a mirar desde la tierra?
Quién precipita los racimos muertos
que bajan en tus manos de cascada
a desgranar su noche desgranada
en el carbón de la geología?

Quién despeña la rama de los vínculos?
Quién otra vez sepulta los adioses?

Amor, amor, no toques la frontera,
ni adores la cabeza sumergida:
deja que el tiempo cumpla su estatura
en su salón de manantiales rotos,
y, entre el agua veloz y las murallas,
recoge el aire del desfiladero,
las paralelas láminas del viento,
el canal ciego de las cordilleras,
el áspero saludo del rocío,
y sube, flor a flor, por la espesura,
pisando la serpiente despeñada.

En la escarpada zona, piedra y bosque,
polvo de estrellas verdes, selva clara,
Mantur estalla como un lago vivo
o como un nuevo piso del silencio.

Ven a mi propio ser, al alba mía,
hasta las soledades coronadas.
El reino muerto vive todavía.

Y en el Reloj la sombra sanguinaria
del cóndor cruza como una nave negra.

Águila sideral, viña de bruma.
Bastión perdido, cimitarra ciega.
Cinturón estrellado, pan solemne.
Escala torrencial, párpado inmenso.
Túnica triangular, polen de piedra.
Lámpara de granito, pan de piedra.
Serpiente mineral, rosa de piedra.
Nave enterrada, manantial de piedra.
Caballo de la luna, luz de piedra.
Escuadra equinoccial, vapor de piedra.
Geometría final, libro de piedra.
Témpano entre las ráfagas labrado.
Madrépora del tiempo sumergido.
Muralla por los dedos suavizada.
Techumbre por las plumas combatida.
Ramos de espejo, bases de tormenta.
Tronos volcados por la enredadera.
Régimen de la garra encarnizada.
Vendaval sostenido en la vertiente.
Inmóvil catarata de turquesa.
Campana patriarcal de los dormidos.
Argolla de las nieves dominadas.
Hierro acostado sobre sus estatuas.
Inaccesible temporal cerrado.
Manos de puma, roca sanguinaria.
Torre sombrera, discusión de nieve.
Noche elevada en dedos y raíces.
Ventanas de las nieblas, paloma endurecida.
Planta nocturna, estatua de los truenos.
Cordillera esencial, techo marino.
Arquitectura de águilas perdidas.
Cuerda del cielo, abeja de la·altura.
Nivel sangriento, estrella construida.
Burbuja mineral, luna de cuarzo.
Serpiente andina, frente de amaranto.
Cúpula del silencio, patria pura.
Novia del mar, árbol de catedrales.
Ramo de sal, cerezo de alas negras.
Dentadura nevada, trueno frío.
Luna arañada, piedra amenazante.
Cabellera del frío, acción del aire.
Volcán de manos, catarata oscura.
Ola de plata, dirección del tiempo.

Piedra en la piedra, el hombre, dónde estuvo?
Aire en el aire, el hombre, dónde estuvo?
Tiempo en el tiempo, el hombre, dónde estuvo?
Fuiste también el pedacito roto
del hombre inconcluso, de águila vacía
que por las calles de hoy, que por las huellas,
que por las hojas del otoño muerto
va machacando el alma hasta la tumba?
La pobre mano, el pie, la pobre vida...
Los días de la luz deshilachada
en ti, como la lluvia
sobre las banderillas de la fiesta,
dieron pétalo a pétalo de su alimento oscuro
en la boca vacía?
    Hambre, coral del hombre,
hambre, planta secreta, raíz de los leñadores,
hambre, subió tu raya de arrecife
hasta estas altas torres desprendidas?

Yo te interrogo, sal de los caminos,
muéstrame la cuchara, déjame, arquitectura,
roer con un palito los estambres de piedra,
subir todos los escalones del aire hasta el vacío,
rascar la entraña hasta tocar el hombre.

Macchu Picchu, pusiste
piedras en la piedra, y en la base, harapo?
Carbón sobre carbón, y en el fondo la lágrima?
Fuego en el oro, y en él, temblando el rojo
goterón de la sangre?
Devuélveme el esclavo que enterraste!
Sacude de las tierras el pan duro
del miserable, muéstrame los vestidos
del siervo y su ventana.
Dime cómo durmió cuando vivía.
Dime si fue su sueño
ronco, entreabierto, como un hoyo negro
hecho por la fatiga sobre el muro.
El muro, el muro! Si sobre su sueño
gravitó cada piso de piedra, y si cayó bajo ella
como bajo una luna, con el sueño!
Antigua América, novia sumergida,
también tus dedos,

al salir de la selva hacia el alto vacío de los dioses,
bajo los estandartes nupciales de la luz y el decoro,
mezclándose al trueno de los tambores y de las lanzas,
también, también tus dedos,
los que la rosa abstracta y la línea del frío, los
que el pecho sangriento del nuevo cereal trasladaron
hasta la tela de materia radiante, hasta las duras
cavidades,
también, también, América enterrada, guardaste en lo
más bajo,
en el amargo intestino, como un águila, el hambre?

XI

A TRAVÉS del confuso esplendor,
a través de la noche de piedra, déjame hundir la mano
y deja que en mí palpite, como un ave mil años
prisionera,
el viejo corazón del olvidado!
Déjame olvidar hoy esta dicha, que es más ancha que
el mar,
porque el hombre es más ancho que el mar y que
sus islas,
y hay que caer en él como en un pozo para salir del
fondo
con un ramo de agua secreta y de verdades sumergidas.
Déjame olvidar, ancha piedra, la proporción poderosa,
la trascendente medida, las piedras del panal,
y de la escuadra déjame hoy resbalar
la mano sobre la hipotenusa de áspera sangre y cilicio.
Cuando, como una herradura de élitros rojos, el cóndor
furibundo
me golpea las sienes en el orden del vuelo
y el huracán de plumas carniceras barre el polvo
sombrío
de las escalinatas diagonales, no veo a la bestia veloz,
no veo el ciego ciclo de sus garras,
veo el antiguo ser, servidor, el dormido
en los campos, veo un cuerpo, mil cuerpos, un hombre,
mil mujeres,
bajo la racha negra, negros de lluvia y noche,
con la piedra pesada de la estatua:
Juan Cortapiedras, hijo de Wiracocha,
Juan Comefrío, hijo de estrella verde,
Juan Piesdescalzos, nieto de la turquesa,
sube a nacer conmigo, hermano.

Sube a nacer conmigo, hermano.

Dame la mano desde la profunda
zona de tu dolor diseminado.
No volverás del fondo de las rocas.
No volverás del tiempo subterráneo.
No volverá tu voz endurecida.
No volverán tus ojos taladrados.
Mírame desde el fondo de la tierra,
labrador, tejedor, pastor callado:
domador de guanacos tutelares:
albañil del andamio desafiado:
aguador de las lágrimas andinas:
joyero de los dedos machacados:
agricultor temblando en la semilla:
alfarero en tu greda derramado:
traed a la copa de esta nueva vida
vuestros viejos dolores enterrados.
Mostradme vuestra sangre y vuestro surco,
decidme: aquí fui castigado,
porque la joya no brilló o la tierra
no entregó a tiempo la piedra o el grano:
señaladme la piedra en que caísteis
y la madera en que os crucificaron,
encendedme los viejos pedernales,
las viejas lámparas, los látigos pegados
a través de los siglos en las llagas
y las hachas de brillo ensangrentado.
Yo vengo a hablar por vuestra boca muerta.
A través de la tierra juntad todos
los silenciosos labios derramados
y desde el fondo habladme toda esta larga noche,
como si yo estuviera con vosotros anclado,
contadme todo, cadena a cadena,
eslabón a eslabón, y paso a paso,
afilad los cuchillos que guardasteis,
ponedlos en mi pecho y en mi mano,
como un río de rayos amarillos,
como un río de tigres enterrados,
y dejadme llorar, horas, días, años,
edades ciegas, siglos estelares.

Dadme el silencio, el agua, la esperanza.

Dadme la lucha, el hierro, los volcanes.

Apegadme los cuerpos como imanes.

Acudid a mis venas y a mi boca.

Hablad por mis palabras y mi sangre.

III

Los
CONQUISTADORES

*¡Ccollanan Pachacutec! ¡Ricuy
anceacunac yahuarniy richacaucuta!*

TUPAC AMARU I

Los carniceros desolaron las islas.
Guanahaní fue la primera
en esta historia de martirios.
Los hijos de la arcilla vieron rota
su sonrisa, golpeada
su frágil estatura de venados,
y aún en la muerte no entendían.
Fueron amarrados y heridos,
fueron quemados y abrasados,
fueron mordidos y enterrados.
Y cuando el tiempo dio su vuelta de vals
bailando en las palmeras,
el salón verde estaba vacío.

Sólo quedaban huesos
rígidamente colocados
en forma de cruz, para mayor
gloria de Dios y de los hombres.

De las gredas mayorales
y el ramaje de Sotavento
hasta las agrupadas coralinas
fue cortando el cuchillo de Narváez.
Aquí la cruz, aquí el rosario,
aquí la Virgen del Garrote.
La alhaja de Colón, Cuba fosfórica,
recibió el estandarte y las rodillas
en su arena mojada.

II

Y luego fue la sangre y la ceniza.

Después quedaron las palmeras solas.

Cuba, mi amor, te amarraron al potro,
te cortaron la cara,
te apartaron las piernas de oro pálido,
te rompieron el sexo de granada,
te atravesaron con cuchillos,
te dividieron, te quemaron.

Por los valles de la dulzura
bajaron los exterminadores,
y en los altos mogotes la cimera
de tus hijos se perdió en la niebla,
pero allí fueron alcanzados
uno a uno hasta morir,
despedazados en el tormento
sin su tierra tibia de flores
que huía bajo sus plantas.

Cuba, mi amor, qué escalofrío
te sacudió de espuma a espuma,
hasta que te hiciste pureza,
soledad, silencio, espesura,
y los huesitos de tus hijos
se disputaron los cangrejos.

III

LLEGAN
AL
MAR DE
MÉXICO
(1519)

A Veracruz va el viento asesino.
En Veracruz desembarcaron los caballos.
Las barcas van apretadas de garras
y barbas rojas de Castilla.
Son Arias, Reyes, Rojas, Maldonados,
hijos del desamparo castellano,
conocedores del hambre en invierno
y de los piojos en los mesones.

Qué miran acodados al navío?
Cuánto de lo que viene y del perdido
pasado, del errante
viento feudal en la patria azotada?

No salieron de los puertos del Sur
a poner las manos del pueblo
en el saqueo y en la muerte:
ellos ven verdes tierras, libertades,

cadenas rotas, construcciones,
y desde el barco, las olas que se extinguen
sobre las costas de compacto misterio.
Irían a morir o a revivir detrás
de las palmeras, en el aire caliente
que, como un horno extraño, la total bocanada
hacia ellos dirigen las tierras quemadoras?
Eran pueblo, cabezas hirsutas de Montiel,
manos duras y rotas de Ocaña y Piedrahita,
brazos de herreros, ojos de niños
que miraban el sol terrible y las palmeras.

El hambre antigua de Europa, hambre como la cola
de un planeta mortal, poblaba el buque,
el hambre estaba allí, desmantelada,
errabunda hacha fría, madrastra
de los pueblos, el hambre echa los dados
en la navegación, sopla las velas:
"Más allá, que te como, más allá
que regresas
a la madre, al hermano, al Juez y al Cura,
a los inquisidores, al infierno, a la peste.
Más allá, más allá, lejos del piojo,
del látigo feudal, del calabozo,
de las galeras llenas de excremento."

Y los ojos de Núñez y Bernales
clavaban en la ilimitada
luz del reposo,
una vida, otra vida,
la innumerable y castigada
familia de los pobres del mundo.

IV

CORTÉS Cortés no tiene pueblo, es rayo frío,
corazón muerto en la armadura.
*"Feraces tierras, mi Señor y Rey,
templos en que el oro, cuajado
está por manos del indio."*

Y avanza hundiendo puñales, golpeando
las tierras bajas, las piafantes

47

cordilleras de los perfumes,
parando su tropa entre orquídeas
y pinos, coronaciones de pinos,
atropellando los jazmines,
hasta las puertas de Tlaxcala.

(Hermano aterrado, no tomes
como amigo al buitre rosado:
desde el musgo te hablo, desde
las raíces de nuestro reino.
Va a llover sangre mañana,
las lágrimas serán capaces
de formar nieblas, vapor, ríos,
hasta que derritas los ojos.)

Cortés recibe una paloma,
recibe un faisán, una cítara
de los músicos del monarca,
pero quiere la cámara del oro,
quiere otro paso, y todo cae
en las arcas de los voraces.
El Rey se asoma a los balcones:

"Es mi hermano", dice. Las piedras
del pueblo vuelan contestando,
y Cortés afila puñales
sobre los besos traicionados.

Vuelve a Tlaxcala, el viento ha traído
un sordo rumor de dolores.

V

CHOLULA En Cholula los jóvenes visten
su mejor tela, oro y plumajes,
calzados para el festival
interrogan al invasor.

La muerte les ha respondido.

Miles de muertos allí están.
Corazones asesinados
que palpitan allí tendidos

y que, en la húmeda sima que abrieron,
guardan el hilo de aquel día.
(Entraron matando a caballo,
cortaron la mano que daba
el homenaje de oro y flores,
cerraron la plaza, cansaron
los brazos hasta agarrotarse,
matando la flor del reinado,
hundiendo hasta el codo en la sangre
de mis hermanos sorprendidos.)

VI

ALVARADO ALVARADO, con garras y cuchillos,
cayó sobre las chozas, arrasó
el patrimonio del orfebre,
raptó la rosa nupcial de la tribu,
agredió razas, predios, religiones,
fue la caja caudal de los ladrones,
el halcón clandestino de la muerte.
Hacia el gran río verde, el Papaloapan,
Río de Mariposas, fue más tarde
llevando sangre en su estandarte.

El grave río vio sus hijos
morir o sobrevivir esclavos,
vio arder en las hogueras junto al agua
raza y razón, cabezas juveniles.
Pero no se agotaron los dolores
como a su paso endurecido
hacia nuevas capitanías.

VII

GUATEMALA GUATEMALA la dulce, cada losa
de tu mansión lleva una gota
de sangre antigua devorada
por el hocico de los tigres.
Alvarado machacó tu estirpe,
quebró las estelas astrales,
se revolcó en tus martirios.

Y en Yucatán entró el obispo
detrás de los pálidos tigres.
Juntó la sabiduría
más profunda oída en el aire
del primer día del mundo,
cuando el primer maya escribió
anotando el temblor del río,
la ciencia del polen, la ira
de los Dioses del Envoltorio,
las migraciones a través
de los primeros universos,
las leyes de la colmena,
el secreto del ave verde,
el idioma de las estrellas,
secretos del día y la noche
cogidos en las orillas
del desarrollo terrenal!

VIII

UN
OBISPO

EL OBISPO levantó el brazo,
quemó en la plaza los libros
en nombre de su Dios pequeño
haciendo humo las viejas hojas
gastadas por el tiempo oscuro.

Y el humo no vuelve del cielo.

IX

LA CABEZA
EN EL
PALO

BALBOA, muerte y garra
llevaste a los rincones de la dulce
tierra central, y entre los perros
cazadores, el tuyo era tu alma:
Leoncico de belfo sangriento
recogió al esclavo que huía,
hundió colmillos españoles
en las gargantas palpitantes,
y de las uñas de los perros
salía la carne al martirio
y la alhaja caía en la bolsa.

Malditos sean perro y hombre,
el aullido infame en la selva
original, el acechante
paso del hierro y del bandido.
Maldita sea la espinosa
corona de la zarza agreste
que no saltó como un erizo
a defender la cuna invadida.

Pero entre los capitanes
sanguinarios se alzó en la sombra
la justicia de los puñales,
la acerba rama de la envidia.

Y al regreso estaba en medio
de tu camino el apellido
de Pedrarias como una soga.

Te juzgaron entre ladridos
de perros matadores de indios.
Ahora que mueres, oyes
el silencio puro, partido
por tus lebreles azuzados?
Ahora que mueres en las manos
de los torvos adelantados,
sientes el aroma dorado
del dulce reino destruido?

Cuando cortaron la cabeza
de Balboa, quedó ensartada
en un palo. Sus ojos muertos
descompusieron su relámpago
y descendieron por la lanza
en un goterón de inmundicia
que desapareció en la tierra.

X

HOMENAJE
A
BALBOA

Descubridor, el ancho mar, mi espuma,
latitud de la luna, imperio del agua,
después de siglos te habla por boca mía.
Tu plenitud llegó antes de la muerte.
Elevaste hasta el cielo la fatiga,

y de la dura noche de los árboles
te condujo el sudor hasta la orilla
de la suma del mar, del gran océano.
En tu mirada se hizo el matrimonio
de la luz extendida y del pequeño
corazón del hombre, se llenó una copa
antes no levantada, una semilla
de relámpagos llegó contigo
y un trueno torrencial llenó la tierra.
Balboa, capitán, qué diminuta
tu mano en la visera, misterioso
muñeco de la sal descubridora,
novio de la oceánica dulzura,
hijo del nuevo útero del mundo.

Por tus ojos entró como un galope
de azahares el olor oscuro
de la robada majestad marina,
cayó en tu sangre una aurora arrogante
hasta poblarte el alma, poseído!
Cuando volviste a las hurañas tierras,
sonámbulo del mar, capitán verde,
eras un muerto que esperaba
la tierra para recibir tus huesos.

Novio mortal, la traición cumplía.

No en balde por la historia
entraba el crimen pisoteando, el halcón devoraba
su nido, y se reunían las serpientes
atacándose con lenguas de oro.

Entraste en el crepúsculo frenético
y los perdidos pasos que llevabas,
aún empapado por las profundidades,
vestido de fulgor y desposado
por la mayor espuma, te traían
a las orillas de otro mar: la muerte.

Extraviado en los límites espesos
llegó el soldado. Era total fatiga
y cayó entre las lianas y las hojas,
al pie del Gran Dios emplumado:
éste
estaba solo con su mundo apenas
surgido de la selva.
                        Miró al soldado
extraño nacido del océano.
Miró sus ojos, su barba sangrienta,
su espada, el brillo negro
de la armadura, el cansancio caído
como la bruma sobre esa cabeza
de niño carnicero.
Cuántas zonas
de oscuridad para que el Dios de Pluma
naciera y enroscara su volumen
sobre los bosques, en la piedra rosada,
cuánto desorden de aguas locas
y de noche salvaje, el desbordado
cauce de la luz sin nacer, el fermento rabioso
de las vidas, la destrucción, la harina
de la fertilidad y luego el orden,
el orden de la planta y de la secta,
la elevación de las rocas cortadas,
el humo de las lámparas rituales,
la firmeza del suelo para el hombre,
el establecimiento de las tribus,
el tribunal de los dioses terrestres.
Palpitó cada escama de la piedra,
sintió el pavor caído
como una invasión de insectos,
recogió todo su poderío,
hizo llegar la lluvia a las raíces,
habló con las corrientes de la tierra,
oscuro en su vestido
de piedra cósmica inmovilizada,
y no pudo mover garras ni dientes,
ni ríos, ni temblores,
ni meteoros que silbaran
en la bóveda del reinado,

y quedó allí, piedra inmóvil, silencio,

mientras Beltrán de Córdoba dormía.

Ya van, ya van, ya llegan,
corazón mío, mira las naves,
las naves por el Magdalena,
las naves de Gonzalo Jiménez
ya llegan, ya llegan las naves,
deténlas río, cierra
tus márgenes devoradoras,
sumérgelos en tu latido,
arrebátales la codicia,
échales tu trompa de fuego,
tus vertebrados sanguinarios,
tus anguilas comedoras de ojos,
atraviesa el caimán espeso
con sus dientes color de légamo
y su primordial armadura,
extiéndelo como un puente
sobre tus aguas arenosas,
dispara el fuego del jaguar
desde tus árboles, nacidos
de tus semillas, río madre,
arrójales moscas de sangre,
ciégalos con estiércol negro,
húndelos en tu hemisferio,
sujétalos entre las raíces
en la oscuridad de tu cama,
y púdreles toda la sangre
devorándoles los pulmones
y los labios con tus cangrejos.

Ya entraron en la floresta:
ya roban, ya muerden, ya matan.
Oh Colombia! Defiende el velo
de tu secreta selva roja.

Ya levantaron el cuchillo
sobre el oratorio de Iraka,
ahora agarran al zipa,
ahora lo amarran. "Entrega
las alhajas del dios antiguo",
las alhajas que florecían
y brillaban con el rocío
de la mañana de Colombia.

Ahora atormentan al príncipe.
Lo han degollado, su cabeza
me mira con ojos que nadie
puede cerrar, ojos amados
de mi patria verde y desnuda.
Ahora queman la casa solemne,
ahora siguen los caballos,
los tormentos, las espadas,
ahora quedan unas brasas
y entre las cenizas los ojos
del príncipe que no se han cerrado.

XIII

CITA
DE
CUERVOS

En Panamá se unieron los demonios.
Allí fue el pacto de los hurones.
Una bujía apenas alumbraba,
cuando los tres llegaron uno a uno.
Primero llegó Almagro antiguo y tuerto,
Pizarro, el mayoral porcino
y el fraile Luque, canónigo entendido
en tinieblas. Cada uno
escondía el puñal para la espalda
del asociado, cada uno
con mugrienta mirada en las oscuras
paredes adivinaba sangre,
y el oro del lejano imperio los atraía
como la luna a las piedras malditas.
Cuando pactaron, Luque levantó
la hostia en la eucaristía,
los tres ladrones amasaron
la oblea con torva sonrisa.
"Dios ha sido dividido, hermanos,
entre nosotros", sostuvo el canónigo,
y los carniceros de dientes
morados dijeron "Amén."
Golpearon la mesa escupiendo.
Como no sabían de letras
llenaron de cruces la mesa,
el papel, los bancos, los muros.

El Perú oscuro, sumergido,
estaba señalado y las cruces,
pequeñas, negras, negras cruces

al Sur salieron navegando:
cruces para las agonías,
cruces peludas y filudas,
cruces con ganchos de reptil,
cruces salpicadas de pústulas,
cruces como piernas de araña,
sombrías cruces cazadoras.

XIV

LAS
AGONÍAS

En Cajamarca empezó la agonía.

El joven Atahualpa, estambre azul,
árbol insigne, escuchó al viento
traer rumor de acero.
Era un confuso
brillo y temblor desde la costa,
un galope increíble
—piafar y poderío—
de hierro y hierro entre la hierba.
Llegaron los adelantados.
El Inca salió de la música
rodeado por los señores.

Las visitas
de otro planeta, sudadas y barbudas,
iban a hacer la reverencia.
El capellán
Valverde, corazón traidor, chacal podrido,
adelanta un extraño objeto, un trozo
de cesto, un fruto
tal vez de aquel planeta
de donde vienen los caballos.
Atahualpa lo toma. No conoce
de qué se trata: no brilla, no suena,
y lo deja caer sonriendo.

"Muerte,
venganza, matad, que os absuelvo",
grita el chacal de la cruz asesina.
El trueno acude hacia los bandoleros.

Nuestra sangre en su cuna es derramada.
Los príncipes rodean como un coro
al Inca, en la hora agonizante.

Diez mil peruanos caen
bajo cruces y espadas, la sangre
moja las vestiduras de Atahualpa.
Pizarro, el cerdo cruel de Extremadura
hace amarrar los delicados brazos
del Inca. La noche ha descendido
sobre el Perú como una brasa negra.

XV

LA
LÍNEA
COLORADA

Más tarde levantó la fatigada
mano el monarca, y más arriba
de las frentes de los bandidos,
tocó los muros.
               Allí trazaron
la línea colorada.
               Tres cámaras
había que llenar de oro y de plata,
hasta esa línea de su sangre.
Rodó la rueda de oro, noche y noche.
La rueda del martirio día y noche.

Arañaron la tierra, descolgaron
alhajas hechas con amor y espuma,
arrancaron la ajorca de la novia,
desampararon a sus dioses.
El labrador entregó su medalla,
el pescador su gota de oro,
y las rejas temblaron respondiendo
mientras mensaje y voz por las alturas
iba la rueda del oro rodando.
Entonces tigre y tigre se reunieron
y repartieron la sangre y las lágrimas.

Atahualpa esperaba levemente
triste en el escarpado día andino.
No se abrieron las puertas. Hasta la última
joya los buitres dividieron:
las turquesas rituales, salpicadas

por la carnicería, el vestido
laminado de plata: las uñas bandoleras
iban midiendo y la carcajada
del fraile entre los verdugos
escuchaba el Rey con tristeza.
Era su corazón un vaso lleno
de una congoja amarga como
la esencia amarga de la quina.
Pensó en sus límites, en el alto Cuzco,
en las princesas, en su edad,
en el escalofrío de su reino.
Maduro estaba por dentro, su paz
desesperada era tristeza. Pensó en Huáscar.
Vendrían de él los extranjeros?
Todo era enigma, todo era cuchillo,
todo era soledad, sólo la línea roja
viviente palpitaba,
tragando las entrañas amarillas
del reino enmudecido que moría.

Entró Valverde con la Muerte entonces.
"Te llamarás Juan", le dijo
mientras preparaban la hoguera.
Gravemente respondió: "Juan,
Juan me llamo para morir",
sin comprender ya ni la muerte.

Le ataron el cuello y un garfio

entró en el alma del Perú.

XVI

ELEGÍA Solo, en las soledades
quiero llorar como los ríos, quiero
oscurecer, dormir
como tu antigua noche mineral.

Por qué llegaron las llaves radiantes
hasta las manos del bandido? Levántate
materna Oello, descansa tu secreto
en la fatiga larga de esta noche
y echa en mis venas tu consejo.

Aún no te pido el sol de los Yupanquis.
Te hablo dormido, llamando
de tierra a tierra, madre
peruana, matriz cordillera.
Cómo entró en tu arenal recinto
la avalancha de los puñales?

Inmóvil en tus manos,
siento extenderse los metales
en los canales del subsuelo.
Estoy hecho de tus raíces,
pero no entiendo, no me entrega
la tierra su sabiduría,
no veo sino noche y noche
bajo las tierras estrelladas.
Qué sueño sin sentido, de serpiente,
se arrastró hasta la línea colorada?
Ojos del duelo, planta tenebrosa.
Cómo llegaste a este viento vinagre,
cómo entre los peñascos de la ira
no levantó Capac su tiara
de arcilla deslumbrante?

Dejadme bajo los pabellones
padecer y hundirme como
la raíz muerta que no dará esplendor.
Bajo la dura noche dura
bajaré por la tierra hasta llegar
a la boca del oro.

Quiero extenderme en la piedra nocturna.

Quiero llegar allí con la desdicha.

XVII

LAS
GUERRAS

Más tarde al Reloj de granito
llegó una llama incendiaria.
Almagros y Pizarros y Valverdes,
Castillos y Urías y Beltranes
se apuñaleaban repartiéndose
las traiciones adquiridas,
se robaban la mujer y el oro,

disputaban la dinastía.
Se ahorcaban en los corrales,
se desgranaban en la plaza,
se colgaban en los Cabildos.
Caía el árbol del saqueo
entre estocadas y gangrena.

De aquel galope de Pizarros
en los linares territorios
nació un silencio estupefacto.

Todo estaba lleno de muerte
y sobre la agonía arrasada
de sus hijos desventurados,
en el territorio (roído
hasta los huesos por las ratas),
se sujetaban las entrañas
antes de matar y matarse.

Matarifes de cólera y horca,
centauros caídos al lodo
de la codicia, ídolos
quebrados por la luz del oro,
exterminasteis vuestra propia
estirpe de uñas sanguinarias
y junto a las rocas murales
del alto Cuzco coronado,
frente al sol de espigas más altas,
representasteis en el polvo
dorado del Inca, el teatro
de los infiernos imperiales:
la Rapiña de hocico verde,
la Lujuria aceitada en sangre,
la Codicia con uñas de oro,
la Traición, aviesa dentadura,
la Cruz como un reptil rapaz,
la Horca en un fondo de nieve,

y la Muerte fina como el aire

inmóvil en su armadura.

XVIII

DESCUBRI-
DORES
DE CHILE

DEL NORTE trajo Almagro su arrugada centella.
Y sobre el territorio, entre explosión y ocaso,
se inclinó día y noche como sobre una carta.
Sombra de espinas, sombra de cardo y cera,
el español reunido con su seca figura,
mirando las sombrías estrategias del suelo.
Noche, nieve y arena hacen la forma
de mi delgada patria.
Todo el silencio está en su larga línea,
toda la espuma sale de su barba marina,
todo el carbón la llena de misteriosos besos.
Como una brasa de oro arde en sus dedos
y la plata ilumina como una luna verde
su endurecida forma de tétrico planeta.
El español sentado junto a la rosa un día,
junto al aceite, junto al vino, junto al antiguo cielo
no imaginó este punto de colérica piedra
nacer bajo el estiércol del águila marina.

XIX

LA
TIERRA
COMBA-
TIENTE

PRIMERO resistió la tierra.

La nieve araucana quemó
como una hoguera de blancura
el paso de los invasores.
Caían de frío los dedos,
las manos, los pies de Almagro
y las garras que devoraron
y sepultaron monarquías
eran en la nieve un punto
de carne helada, eran silencio.
Fue en el mar de las cordilleras.

El aire chileno azotaba
marcando estrellas, derribando
codicias y caballerías.

Luego el hambre caminó detrás
de Almagro como una invisible

mandíbula que golpeaba.
Los caballos eran comidos
en aquella fiesta glacial.
Y la muerte del Sur desgranó
el galope de los Almagros,
hasta que volvió su caballo
hacia el Perú donde esperaba
al descubridor rechazado,
la muerte del Norte, sentada
en el camino, con un hacha.

XX

SE UNEN
LA TIERRA
Y EL
HOMBRE

Araucanía, ramo de robles torrenciales,
oh Patria despiadada, amada oscura,
solitaria en tu reino lluvioso:
eras sólo gargantas minerales,
manos de frío, puños
acostumbrados a cortar peñascos,
eras, Patria, la paz de la dureza
y tus hombres eran rumor,
áspera aparición, viento bravío.

No tuvieron mis padres araucanos
cimeras de plumaje luminoso,
no descansaron en flores nupciales,
no hilaron oro para el sacerdote:
eran piedra y árbol, raíces
de los breñales sacudidos,
hojas con forma de lanza,
cabezas de metal guerrero.
Padres, apenas levantasteis
el oído al galope, apenas en la cima
de los montes, cruzó el rayo
de Araucanía.
Se hicieron sombra los padres de piedra,
se anudaron al bosque, a las tinieblas
naturales, se hicieron luz de hielo,
asperezas de tierras y de espinas,
y así esperaron en las profundidades
de la soledad indomable:
uno era un árbol rojo que miraba,
otro un fragmento de metal que oía,
otro una ráfaga de viento y taladro,

otro tenía el color del sendero.
Patria, nave de nieve,
follaje endurecido:
allí naciste, cuando el hombre tuyo
pidió a la tierra su estandarte,
y cuando tierra y aire y piedra y lluvia,
hoja, raíz, perfume, aullido,
cubrieron como un manto al hijo,
lo amaron o lo defendieron.
Así nació la patria unánime:
la unidad antes del combate.

XXI

VALDIVIA
(1544)

Pero volvieron.

(Pedro se llamaba.)

Valdivia, el capitán intruso,
cortó mi tierra con la espada
entre ladrones: "Esto es tuyo,
esto es tuyo Valdés, Montero,
esto es tuyo Inés, este sitio
es el cabildo."
Dividieron mi patria
como si fuera un asno muerto.
"Llévate
este trozo de luna y arboleda,
devórate este río con crepúsculo",
mientras la gran cordillera
elevaba bronce y blancura.
Asomó Arauco. Adobes, torres,
calles, el silencioso
dueño de casa levantó sonriendo.
Trabajó con las manos empapadas
por su agua y su barro, trajo
la greda y vertió el agua andina:
pero no pudo ser esclavo.
Entonces Valdivia, el verdugo,
atacó a fuego y a muerte.
Así empezó la sangre,
la sangre de tres siglos, la sangre océano,
la sangre atmósfera que cubrió mi tierra
y el tiempo inmenso, como ninguna guerra.
Salió el buitre iracundo
de la armadura enlutada

y mordió al promauca, rompió
el pacto escrito en el silencio
de Huelén, en el aire andino.
Arauco comenzó a hervir su plato
de sangre y piedras.

                    Siete príncipes
vinieron a parlamentar.

                    Fueron encerrados.
Frente a los ojos de la Araucanía,
cortaron las cabezas cacicales.
Se daban ánimo los verdugos. Toda
empapada de vísceras, aullando,
Inés de Suárez, la soldadera,
sujetaba los cuellos imperiales
con sus rodillas de infernal harpía.
Y las tiró sobre la empalizada,
bañándose de sangre noble,
cubriéndose de barro escarlata.
Así creyeron dominar Arauco.
Pero aquí la unidad sombría
de árbol y piedra, lanza y rostro,
trasmitió el crimen en el viento.
Lo supo el árbol fronterizo,
el pescador, el rey, el mago,
lo supo el labrador antártico,
lo supieron las aguas madres
del Bío-Bío.

                    Así nació la guerra patria.
Valdivia entró la lanza goteante
en las entrañas pedregosas
de Arauco, hundió la mano
en el latido, apretó los dedos
sobre el corazón araucano,
derramó las venas silvestres
de los labriegos,

                    exterminó
el amanecer pastoril,

                    mandó martirio
al reino del bosque, incendió
la casa del dueño del bosque,
cortó las manos del cacique,
devolvió a los prisioneros
con narices y orejas cortadas,
empaló al Toqui, asesinó
a la muchacha guerrillera
y con su guante ensangrentado

marcó las piedras de la patria,
dejándola llena de muertos,
y soledad y cicatrices.

XXII

ERCILLA PIEDRAS de Arauco y desatadas rosas
fluviales, territorios de raíces,
se encuentran con el hombre que ha llegado de España.
Invaden su armadura con gigantesco liquen.
Atropellan su espada las sombras del helecho.
La yedra original pone manos azules
en el recién llegado silencio del planeta.
Hombre, Ercilla sonoro, oigo el pulso del agua
de tu primer amanecer, un frenesí de pájaros
y un trueno en el follaje.
Deja, deja tu huella
de águila rubia, destroza
tu mejilla contra el maíz salvaje,
todo será en la tierra devorado.
Sonoro, sólo tú no beberás la copa
de sangre, sonoro, sólo al rápido
fulgor de ti nacido
llegará la secreta boca del tiempo en vano
para decirte: en vano.
En vano, en vano
sangre por los ramajes de cristal salpicado,
en vano por las noches del puma
el desafiante paso del soldado,
las órdenes,
los pasos
del herido.
Todo vuelve al silencio coronado de plumas
en donde un rey remoto devora enredaderas.

XXIII

SE ASÍ QUEDÓ repartido el patrimonio.
ENTIERRAN La sangre dividió la patria entera.
LAS LANZAS (Contaré en otras líneas
la lucha de mi pueblo.)

Pero cortada fue la tierra
por los invasores cuchillos.
Después vinieron a poblar la herencia
usureros de Euzkadi, nietos
de Loyola. Desde la cordillera
hasta el océano
dividieron con árboles y cuerpos,
la sombra recostada del planeta.
Las encomiendas sobre la tierra
sacudida, herida, incendiada,
el reparto de selva y agua
en los bolsillos, los Errázuriz
que llegan con su escudo de armas:
un látigo y una alpargata.

XXIV

EL
CORAZÓN
MAGALLÁ-
NICO
(1519)

DE DÓNDE soy, me pregunto a veces, de dónde
diablos
vengo, qué día es hoy, qué pasa,
ronco, en medio del sueño, del árbol, de la noche,
y una ola se levanta como un párpado, un día
nace de ella, un relámpago con hocico de tigre.

DESPIERTO
DE PRONTO
EN LA
NOCHE
PENSANDO
EN EL
EXTREMO
SUR

Viene el día y me dice: "Oyes
el agua lenta, el agua,
el agua,
sobre la Patagonia?"
Y yo contesto: "Sí, señor, escucho."
Viene el día y me dice: "Una oveja salvaje
lejos, en la región, lame el color helado
de una piedra. No escuchas el balido, no reconoces
el vendaval azul en cuyas manos
la luna es una copa, no ves la tropa, el dedo
rencoroso del viento
tocar la ola y la vida con su anillo vacío?"

RECUERDO
LA SOLEDAD
DEL
ESTRECHO

La larga noche, el pino, vienen adonde voy.
Y se trastorna el ácido sordo, la fatiga,
la tapa del tonel, cuanto tengo en la vida.
Una gota de nieve llora y llora en mi puerta
mostrando su vestido claro y desvencijado
de pequeño cometa que me busca y solloza.

Nadie mira la ráfaga, la extensión, el aullido
del aire en las praderas.
Me acerco y digo: vamos. Toco el Sur, desemboco
en la arena, veo la planta seca y negra, todo raíz
       y roca,
las islas arañadas por el agua y el cielo,
el Río del Hambre, el Corazón de Ceniza,
el Patio del Mar lúgubre, y donde silba
la solitaria serpiente, donde cava
el último zorro herido y esconde su tesoro sangriento
encuentro la tempestad y su voz de ruptura,
su voz de viejo libro, su boca de cien labios,
algo me dice, algo que el aire devora cada día.

LOS
DESCUBRI-
DORES
APARECEN
Y DE ELLOS
NO QUEDA
NADA
Recuerda el agua cuanto le sucedió al navío.
La dura tierra extraña guarda sus calaveras
que suenan en el pánico austral como cornetas
y ojos de hombre y de buey dan al día su hueco,
su anillo, su sonido de implacable estelaje.
El viejo cielo busca la vela,
               nadie
ya sobrevive: el buque destruido
vive con la ceniza del marinero amargo,
y de los puestos de oro, de las casas de cuero
del trigo pestilente, y de
la llama fría de las navegaciones
(cuánto golpe en la noche [roca y bajel] al fondo)
sólo queda el dominio quemado y sin cadáveres,
la incesante intemperie apenas rota
por un negro fragmento
de fuego fallecido.

SÓLO SE
IMPONE LA
DESOLACIÓN
Esfera que destroza lentamente la noche, el agua, el
            hielo,
extensión combatida por el tiempo y el término,
con su marca violeta, con el final azul
del arco iris salvaje
se sumergen los pies de mi patria en tu sombra
y aúlla y agoniza la rosa triturada.

RECUERDO
AL VIEJO
DESCUBRI-
DOR
Con él, con el antiguo, con el muerto,
Por el canal navega nuevamente
el cereal helado, la barba del combate,
el Otoño glacial, el transitorio herido.
con el destituido por el agua rabiosa,
con él, en su tormenta, con su frente.

Aún lo sigue el albatros y la soga de cuero
comida, con los ojos fuera de la mirada,
y el ratón devorado ciegamente mirando
entre los palos rotos el esplendor iracundo,
mientras en el vacío la sortija y el hueso
caen, resbalan sobre la vaca marina.

MAGALLA- Cuál es el dios que pasa? Mirad su barba llena de
NES gusanos
y sus calzones en que la espesa atmósfera
se pega y muerde como un perro náufrago:
y tiene peso de ancla maldita su estatura,
y silba el piélago y el aquilón acude
hasta sus pies mojados.
                          Caracol de la oscura
sombra del tiempo,
                   espuela
carcomida, viejo señor de luto litoral, aguilero
sin estirpe, manchado manantial, el estiércol
del Estrecho te manda,
y no tiene de cruz tu pecho sino un grito
del mar, un grito blanco, de luz marina,
y de tenaza, de tumbo en tumbo, de aguijón demolido.

LLEGA Porque el siniestro día del mar termina un día,
AL y la mano nocturna corta uno a uno sus dedos
PACÍFICO hasta no ser, hasta que el hombre nace
y el capitán descubre dentro de sí el acero
y la América sube su burbuja
y la costa levanta su pálido arrecife
sucio de aurora, turbio de nacimiento
hasta que de la nave sale un grito y se ahoga
y otro grito y el alba que nace de la espuma.

TODOS HAN Hermanos de agua y piojo, de planeta carnívoro:
MUERTO visteis, al fin, el árbol del mástil agachado
por la tormenta? Visteis la piedra machacada
bajo la loca nieve brusca de la ráfaga?
Al fin, ya tenéis vuestro paraíso perdido,
al fin, tenéis vuestra guarnición maldiciente,
al fin, vuestros fantasmas atravesados del aire
besan sobre la arena la huella de la foca.
Al fin, a vuestros dedos sin sortija
llega el pequeño sol del páramo, el día muerto,
temblando, en su hospital de olas y piedras.

XXV

Roídos yelmos, herraduras muertas:

Pero a través del fuego y la herradura
como de un manantial iluminado
por la sangre sombría,
con el metal hundido en el tormento
se derramó una luz sobre la tierra:
número, nombre, línea y estructura.

Páginas de agua, claro poderío
de idiomas rumorosos, dulces gotas
elaboradas como los racimos,
sílabas de platino en la ternura
de unos aljofarados pechos puros,
y una clásica boca de diamantes
dio su fulgor nevado al territorio.

Allá lejos la estatua deponía
su mármol muerto,
                    y en la primavera
del mundo, amaneció la maquinaria.

La técnica elevaba su dominio
y el tiempo fue velocidad y ráfaga
en la bandera de los mercaderes.

Luna de geografía
que descubrió la planta y el planeta
extendiendo geométrica hermosura
en su desarrollado movimiento.

Asia entregó su virginal aroma.
La inteligencia con un hilo helado
fue detrás de la sangre hilando el día.
El papel repartió la miel desnuda
guardada en las tinieblas.

Un vuelo
de palomar salió de la pintura
con arrebol y azul ultramarino.

Y las lenguas del hombre se juntaron
en la primera ira, antes del canto.

Así, con el sangriento
titán de piedra,
halcón encarnizado,
no sólo llegó sangre sino trigo.

La luz vino a pesar de los puñales.

IV

Los
LIBERTADORES

Aquí viene el árbol, el árbol
de la tormenta, el árbol del pueblo.
De la tierra suben sus héroes
como las hojas por la savia,
y el viento estrella los follajes
de muchedumbre rumorosa,
hasta que cae la semilla
del pan otra vez a la tierra.

Aquí viene el árbol, el árbol
nutrido por muertos desnudos,
muertos azotados y heridos,
muertos de rostros imposibles,
empalados sobre una lanza,
desmenuzados en la hoguera,
decapitados por el hacha,
descuartizados a caballo,
crucificados en la iglesia.

Aquí viene el árbol, el árbol
cuyas raíces están vivas,
sacó salitre del martirio,
sus raíces comieron sangre,
y extrajo lágrimas del suelo:
las elevó por sus ramajes,
las repartió en su arquitectura.
Fueron flores invisibles,
a veces, flores enterradas,
otras veces iluminaron
sus pétalos, como planetas.

Y el hombre recogió en las ramas
las corolas endurecidas,
las entregó de mano en mano
como magnolias o granadas
y de pronto, abrieron la tierra,
crecieron hasta las estrellas.

Éste es el árbol de los libres.
El árbol tierra, el árbol nube.
El árbol pan, el árbol flecha,
el árbol puño, el árbol fuego.
Lo ahoga el agua tormentosa
de nuestra época nocturna,
pero su mástil balancea
el ruedo de su poderío.

　　Otras veces, de nuevo caen
　　las ramas rotas por la cólera,
　　y una ceniza amenazante
　　cubre su antigua majestad:
　　así pasó desde otros tiempos,
　　así salió de la agonía,
　　hasta que una mano secreta,
　　unos brazos innumerables,
　　el pueblo, guardó los fragmentos,
　　escondió troncos invariables,
　　y sus labios eran las hojas
　　del inmenso árbol repartido,
　　diseminado en todas partes,
　　caminando con sus raíces.
　　Éste es el árbol, el árbol
　　del pueblo, de todos los pueblos
　　de la libertad, de la lucha.

Asómate a su cabellera:
toca sus rayos renovados:
hunde la mano en las usinas
donde su fruto palpitante
propaga su luz cada día.
Levanta esta tierra en tus manos,
participa de este esplendor,
toma tu pan y tu manzana,
tu corazón y tu caballo
y monta guardia en la frontera,
en el límite de sus hojas.

　　Defiende el fin de sus corolas,
　　comparte las noches hostiles,
　　vigila el ciclo de la aurora,
　　respira la altura estrellada,
　　sosteniendo el árbol, el árbol
　　que crece en medio de la tierra.

Joven hermano hace ya tiempo y tiempo
nunca dormido, nunca consolado,
joven estremecido en las tinieblas
metálicas de México, en tu mano
recibo el don de tu patria desnuda.

En ella nace y crece tu sonrisa
como una línea entre la luz y el oro.

Son tus labios unidos por la muerte
el más puro silencio sepultado.

El manantial hundido
bajo todas las bocas de la tierra.

Oíste, oíste, acaso,
hacia Anáhuac lejano,
un rumbo de agua, un viento
de primavera destrozada?
Era tal vez la palabra del cedro.
Era una ola blanca de Acapulco.

Pero en la noche huía
tu corazón como un venado
hacia los límites, confuso,
entre los monumentos sanguinarios,
bajo la luna zozobrante.

Toda la sombra preparaba sombra.
Era la tierra una oscura cocina,
piedra y caldera, vapor negro,
muro sin nombre, pesadumbre
que te llamaba desde los nocturnos
metales de tu patria.

Pero no hay sombra en tu estandarte.

Ha llegado la hora señalada,
y en medio de tu pueblo
eres pan y raíz, lanza y estrella.
El invasor ha detenido el paso.
No es Moctezuma extinto
como una copa muerta,
es el relámpago y su armadura,
la pluma de Quetzal, la flor del pueblo,
la cimera encendida entre las naves.

Pero una mano dura como siglos de piedra
apretó tu garganta. No cerraron
tu sonrisa, no hicieron
caer los granos del secreto
maíz, y te arrastraron,
vencedor cautivo,
por las distancias de tu reino,
entre cascadas y cadenas,
sobre arenales y aguijones
como una columna incesante,
como un testigo doloroso,
hasta que una soga enredó
la columna de la pureza
y colgó el cuerpo suspendido
sobre la tierra desdichada.

II

**FRAY
BARTOLOMÉ
DE LAS
CASAS**

Piensa uno, al llegar a su casa, de noche, fatigado,
entre la niebla fría de mayo, a la salida
del sindicato (en la desmenuzada
lucha de cada día, la estación
lluviosa que gotea del alero, el sordo
latido del constante sufrimiento)
esta resurrección enmascarada,
astuta, envilecida,
del encadenador, de la cadena,
y cuando sube la congoja
hasta la cerradura a entrar contigo,
surge una luz antigua, suave y dura
como un metal, como un astro enterrado.
Padre Bartolomé, gracias por este
regalo de la cruda medianoche,

gracias porque tu hilo fue invencible:

pudo morir aplastado, comido
por el perro de fauces iracundas,
pudo quedar en la ceniza
de la casa incendiada,
pudo cortarlo el filo frío
del asesino innumerable
o el odio administrado con sonrisas
(la traición del próximo cruzado),
la mentira arrojada en la ventana.
Pudo morir el hilo cristalino,
la irreductible transparencia
convertida en acción, en combatiente
y despeñado acero de cascada.
Pocas vidas da el hombre como la tuya, pocas
sombras hay en el árbol como tu sombra, en ella
todas las ascuas vivas del continente acuden,
todas las arrasadas condiciones, la herida
del mutilado, las aldeas
exterminadas, todo bajo tu sombra
renace, desde el límite
de la agonía fundas la esperanza.
Padre, fue afortunado para el hombre y su especie
que tú llegaras a la plantación,
que mordieras los negros cereales
del crimen, que bebieras
cada día la copa de la cólera.
Quién te puso, mortal desnudo,
entre los dientes de la furia?
Cómo asomaron otros ojos,
de otro metal, cuando nacías?

Cómo se cruzan los fermentos
en la escondida harina humana
para que tu grano inmutable
se amasara en el pan del mundo?

Eras realidad entre fantasmas
encarnizados, eras
la eternidad de la ternura
sobre la ráfaga del castigo.
De combate en combate tu esperanza
se convirtió en precisas herramientas:
la solitaria lucha se hizo rama,
el llanto inútil se agrupó en partido.

No sirvió la piedad. Cuando mostrabas
tus columnas, tu nave amparadora,
tu mano para bendecir, tu manto,
el enemigo pisoteó las lágrimas
y quebrantó el color de la azucena.
No sirvió la piedra alta y vacía
como una catedral abandonada.
Fue tu invencible decisión, la activa
resistencia, el corazón armado.

Fue la razón tu material titánico.

Fue flor organizada tu estructura.

Desde arriba quisieron contemplarte
(desde su altura) los conquistadores,
apoyándose como sombras de piedra
sobre sus espadones, abrumando
con sus sarcásticos escupos
las tierras de tu iniciativa,
diciendo: "Ahí va el agitador",
mintiendo: "Lo pagaron
los extranjeros",
"No tiene patria", "Traiciona",
pero tu prédica no era
frágil minuto, peregrina
pauta, reloj del pasajero.
Tu madera era bosque combatido,
hierro en su cepa natural, oculto
a toda luz por la tierra florida,
y más aún, era más hondo:
en la unidad del tiempo, en el transcurso
de la vida, era tu mano adelantada
estrella zodiacal, signo del pueblo.
Hoy a esta casa, Padre, entra conmigo.
Te mostraré las cartas, el tormento
de mi pueblo, del hombre perseguido.
Te mostraré los antiguos dolores.

Y para no caer, para afirmarme
sobre la tierra, continuar luchando,
deja en mi corazón el vino errante
y el implacable pan de tu dulzura.

III

España entró hasta el Sur del Mundo. Agobiados
exploraron la nieve los altos españoles.
El Bío-Bío, grave río,
le dijo a España: "Deténte",
el bosque de maitenes cuyos hilos
verdes cuelgan como temblor de lluvia
dijo a España: "No sigas". El alerce,
titán de las fronteras silenciosas,
dijo en un trueno su palabra.
Pero hasta el fondo de la patria mía,
puño y puñal, el invasor llegaba.
Hacia el río Imperial, en cuya orilla
mi corazón amaneció en el trébol,
entraba el huracán en la mañana.
El ancho cauce de las garzas iba
desde las islas hacia el mar furioso,
lleno como una copa interminable,
entre las márgenes de cristal sombrío.
En sus orillas erizaba el polen
una alfombra de estambres turbulentos
y desde el mar el aire conmovía
todas las sílabas de la primavera.
El avellano de la Araucanía
enarbolaba hogueras y racimos
hacia donde la lluvia resbalaba
sobre la agrupación de la pureza.
Todo estaba enredado de fragancias,
empapado de luz verde y lluviosa
y cada matorral de olor amargo
era un ramo profundo del invierno
o una extraviada formación marina
aún llena de oceánico rocío.

De los barrancos se elevaban
torres de pájaros y plumas
y un ventarrón de soledad sonora,
mientras en la mojada intimidad,
entre las cabelleras encrespadas
del helecho gigante, era la topa-topa florecida
un rosario de besos amarillos.

SURGEN
LOS
HOMBRES

Allí germinaban los toquis.
De aquellas negras humedades,
de aquella lluvia fermentada
en la copa de los volcanes
salieron los pechos augustos,
las claras flechas vegetales,
los dientes de piedra salvaje,
los pies de estaca inapelable,
la glacial unidad del agua.

Arauco fue un útero frío,
hecho de heridas, machacado
por el ultraje, concebido
entre las ásperas espinas,
arañado en los ventisqueros,
protegido por las serpientes.

Así la tierra extrajo al hombre.

Creció como una fortaleza.
Nació de la sangre agredida.
Amontonó su cabellera
como un pequeño puma rojo
y los ojos de piedra dura
brillaban desde la materia
como fulgores implacables
salidos de la cacería.

V

TOQUI
CAUPOLICÁN

En la cepa secreta del raulí
creció Caupolicán, torso y torment
y cuando hacia las armas invasoras
su pueblo dirigió,
anduvo el árbol,
anduvo el árbol duro de la patria.
Los invasores vieron el follaje
moverse en medio de la bruma verde,
las gruesas ramas y la vestidura
de innumerables hojas y amenazas,

el tronco terrenal hacerse pueblo,
las raíces salir del territorio.

Supieron que la hora había acudido
al reloj de la vida y de la muerte.

Otros árboles con él vinieron.

Toda la raza de ramajes rojos,
todas las trenzas del dolor silvestre,
todo el nudo del odio en la madera.
Caupolicán, su máscara de lianas
levanta frente al invasor perdido:
no es la pintada pluma emperadora,
no es el trono de plantas olorosas,
no es el resplandeciente collar del sacerdote,
no es el guante ni el príncipe dorado:
es un rostro del bosque,
un mascarón de acacias arrasadas,
una figura rota por la lluvia,
una cabeza con enredaderas.
De Caupolicán el Toqui es la mirada
hundida, de universo montañoso,
los ojos implacables de la tierra,
y las mejillas del titán son muros
escalados por rayos y raíces.

VI

LA GUERRA
PATRIA
La Araucanía estranguló el cantar
de la rosa en el cántaro, cortó
los hilos
en el telar de la novia de plata.
Bajó la ilustre Machi de su escala,
y en los dispersos ríos, en la arcilla,
bajo la copa hirsuta
de las araucarias guerreras,
fue naciendo el clamor de las campanas
enterradas. La madre de la guerra
saltó las piedras dulces del arroyo,
recogió a la familia pescadora,
y el novio labrador besó las piedras
antes de que volaran a la herida.

Detrás del rostro forestal del Toqui
Arauco amontonaba su defensa:
eran ojos y lanzas, multitudes
espesas de silencio y amenaza,
cinturas imborrables, altaneras
manos oscuras, puños congregados.

Detrás del alto Toqui, la montaña,
y en la montaña, innumerable Arauco.

Arauco era el rumor del agua errante.

Arauco era el silencio tenebroso.

El mensajero en su mano cortada
iba juntando las gotas de Arauco.

Arauco fue la ola de la guerra.
Arauco los incendios de la noche.

Todo hervía detrás del Toqui augusto,
y cuando él avanzó, fueron tinieblas,
arenas, bosques, tierras,
unánimes hogueras, huracanes,
aparición fosfórica de pumas.

VII

*EL
EMPALADO* Pero Caupolicán llegó al tormento.

Ensartado en la lanza del suplicio,
entró en la muerte lenta de los árboles.

Arauco replegó su ataque verde,
sintió en las sombras el escalofrío,
clavó en la tierra la cabeza,
se agazapó con sus dolores.
El Toqui dormía en la muerte.
Un ruido de hierro llegaba
del campamento, una corona
de carcajadas extranjeras,
y hacia los bosques enlutados
sólo la noche palpitaba.

No era el dolor, la mordedura
del volcán abierto en las vísceras,
era sólo un sueño del bosque,
el árbol que se desangraba.

En las entrañas de mi patria
entraba la punta asesina
hiriendo las tierras sagradas.
La sangre quemante caía
de silencio en silencio, abajo,
hacia donde está la semilla
esperando la primavera.

Más hondo caía esta sangre.

Hacia las raíces caía.

Hacia los muertos caía.

Hacia los que iban a nacer.

VIII

LAUTARO
(1550)

LA SANGRE toca un corredor de cuarzo.
La piedra crece donde cae la gota.
Así nace Lautaro de la tierra.

IX

EDUCACIÓN
DEL
CACIQUE

LAUTARO era una flecha delgada.
Elástico y azul fue nuestro padre.
Fue su primera edad sólo silencio.
Su adolescencia fue dominio.
Su juventud fue un viento dirigido.
Se preparó como una larga lanza.
Acostumbró los pies en las cascadas.
Educó la cabeza en las espinas.
Ejecutó las pruebas del guanaco.
Vivió en las madrigueras de la nieve.
Acechó la comida de las águilas.

Arañó los secretos del peñasco.
Entretuvo los pétalos del fuego.
Se amamantó de primavera fría.
Se quemó en las gargantas infernales.
Fue cazador entre las aves crueles.
Se tiñeron sus manos de victorias.
Leyó las agresiones de la noche.
Sostuvo los derrumbes del azufre.

Se hizo velocidad, luz repentina.

Tomó las lentitudes del Otoño.
Trabajó en las guaridas invisibles.
Durmió en las sábanas del ventisquero.
Igualó la conducta de las flechas.
Bebió la sangre agreste en los caminos.
Arrebató el tesoro de las olas.
Se hizo amenaza como un dios sombrío.
Comió en cada cocina de su pueblo.
Aprendió el alfabeto del relámpago.
Olfateó las cenizas esparcidas.
Envolvió el corazón con pieles negras.

Descifró el espiral hilo del humo.
Se construyó de fibras taciturnas.
Se aceitó como el alma de la oliva.
Se hizo cristal de transparencia dura.
Estudió para viento huracanado.
Se combatió hasta apagar la sangre.

Sólo entonces fue digno de su pueblo.

X

*LAUTARO
ENTRE LOS
INVASORES*

Entró en la casa de Valdivia.
Lo acompañó como la luz.
Durmió cubierto de puñales.
Vio su propia sangre vertida,
sus propios ojos aplastados,
y dormido en las pesebreras
acumuló su poderío.
No se movían sus cabellos
examinando los tormentos:

miraba más allá del aire
hacia su raza desgranada.

Veló a los pies de Valdivia.

Oyó su sueño carnicero
crecer en la noche sombría
como una columna implacable.
Adivinó aquellos sueños.
Pudo levantar la dorada
barba del capitán dormido,
cortar el sueño en la garganta,
pero aprendió —velando sombras—
la ley nocturna del horario.

Marchó de día acariciando
los caballos de piel mojada
que iban hundiéndose en su patria.
Adivinó aquellos caballos.
Marchó con los dioses cerrados.
Adivinó las armaduras.
Fue testigo de las batallas,
mientras entraba paso a paso
al fuego de la Araucanía.

XI

LAUTARO
CONTRA
EL
CENTAURO
(1554)

Atacó entonces Lautaro de ola en ola.
Disciplinó las sombras araucanas:
antes entró el cuchillo castellano
en pleno pecho de la masa roja.
Hoy estuvo sembrada la guerilla
bajo todas las alas forestales,
de piedra en piedra y vado en vado,
mirando desde los copihues,
acechando bajo las rocas.
Valdivia quiso regresar.

                         Fue tarde.
Llegó Lautaro en traje de relámpago.
Siguió el Conquistador acongojado.
Se abrió paso en las húmedas marañas
del crepúsculo austral.

                  Llegó Lautaro,
en un galope negro de caballos.

La fatiga y la muerte conducían
la tropa de Valdivia en el follaje.

Se acercaban las lanzas de Lautaro.

Entre los muertos y las hojas iba
como en un túnel Pedro de Valdivia.

En las tinieblas llegaba Lautaro.

Pensó en Extremadura pedregosa,
en el dorado aceite, en la cocina,
en el jazmín dejado en ultramar.

Reconoció el aullido de Lautaro.

Las ovejas, las duras alquerías,
los muros blancos, la tarde extremeña.

Sobrevino la noche de Lautaro.

Sus capitanes tambaleaban ebrios
de sangre, noche y lluvia hacia el regreso.

Palpitaban las flechas de Lautaro.

De tumbo en tumbo la capitanía
iba retrocediendo desangrada.

Ya se toca el pecho de Lautaro.

Valdivia vio venir la luz, la aurora,
tal vez la vida, el mar.
                                    Era Lautaro.

XII

EL CORAZÓN
DE
PEDRO
DE
VALDIVIA

Llevamos a Valdivia bajo el árbol.

Era un azul de lluvia, la mañana con fríos
filamentos de sol deshilachado.
Toda la gloria, el trueno,
turbulentos yacían
en un montón de acero herido.

86

El canelo elevaba su lenguaje
y un fulgor de luciérnaga mojada
en toda su pomposa monarquía.

Trajimos tela y cántaro, tejidos
gruesos como las trenzas conyugales,
alhajas como almendras de la luna,
y los tambores que llenaron
la Araucanía con su luz de cuero.
Colmamos las vasijas de dulzura
y bailamos golpeando los terrones
hechos de nuestra propia estirpe oscura.

Luego golpeamos el rostro enemigo.

Luego cortamos el valiente cuello.

Qué hermosa fue la sangre del verdugo
que repartimos como una granada,
mientras ardía viva todavía.
Luego, en el pecho entramos una lanza
y el corazón alado como un ave
entregamos al árbol araucano.
Subió un rumor de sangre hasta su copa.

Entonces, de la tierra
hecha de nuestros cuerpos, nació el canto
de la guerra, del sol, de las cosechas,
hacia la magnitud de los volcanes.
Entonces repartimos el corazón sangrante.
Yo hundí los dientes en aquella corola
cumpliendo el rito de la tierra:
        "Dame tu frío, extranjero malvado.
        Dame tu valor de gran tigre.
        Dame en tu sangre tu cólera.
        Dame tu muerte para que me siga
        y lleve el espanto a los tuyos.
        Dame la guerra que trajiste.
        Dame tu caballo y tus ojos.
        Dame la tiniebla torcida.
        Dame la madre del maíz.
        Dame la lengua del caballo.
        Dame la patria sin espinas.
        Dame la paz vencedora.
        Dame el aire donde respira
        el canelo, señor florido."

XIII

Luego tierra y océanos, ciudades,

naves y libros, conocéis la historia
que desde el territorio huraño
como una piedra sacudida
llenó de pétalos azules
las profundidades del tiempo.
Tres siglos estuvo luchando
la raza guerrera del roble,
trescientos años la centella
de Arauco pobló de cenizas
las cavidades imperiales.
Tres siglos cayeron heridas
las camisas del capitán,
trescientos años despoblaron
los arados y las colmenas,
trescientos años azotaron
cada nombre del invasor,
tres siglos rompieron la piel
de las águilas agresoras,
trescientos años enterraron
como la boca del océano
techos y huesos, armaduras,
torres y títulos dorados.
A las espuelas iracundas,
de las guitarras adornadas
llegó un galope de caballos
y una tormenta de ceniza.
Las naves volvieron al duro
territorio, nacieron espigas,
crecieron ojos españoles
en el reinado de la lluvia,
pero Arauco bajó las tejas,
molió las piedras, abatió
los paredones y las vides,
las voluntades y los trajes.
Ved cómo caen en la tierra
los hijos ásperos del odio.
Villagras, Mendozas, Reinosos,
Reyes, Morales, Alderetes,
rodaron hacia el fondo blanco
de las Américas glaciales.
Y en la noche del tiempo augusto
cayó Imperial, cayó Santiago,

cayó Villarrica en la nieve,
rodó Valdivia sobre el río,
hasta que el reinado fluvial
del Bío-Bío se detuvo
sobre los siglos de la sangre
y estableció la libertad
en las arenas desangradas.

XIV

(INTERMEDIO)

LA
COLONIA
CUBRE
NUESTRAS
TIERRAS
(1)

Cuando *la espada descansó y los hijos
de España dura, como espectros,
desde reinos y selvas, hacia el trono,
montañas de papel con aullidos
enviaron al monarca ensimismado:
después que en la calleja de Toledo
o del Guadalquivir en el recodo,
toda la historia pasó de mano en mano,
y por la boca de los puertos anduvo
el ramal harapiento
de los conquistadores espectrales,
y los últimos muertos fueron puestos
dentro del ataúd, con procesiones,
en las iglesias construidas a sangre,
llegó la ley al mundo de los ríos
y vino el mercader con su bolsita.*

*Se oscureció la extensión matutina,
trajes y telarañas propagaron
la oscuridad, la tentación, el fuego
del diablo en las habitaciones.
Una vela alumbró la vasta América
llena de ventisqueros y panales,
y por siglos al hombre habló en voz baja,
tosió trotando por las callejuelas,
se persignó persiguiendo centavos.
Llegó el criollo a las calles del mundo,
esmirriado, lavando las acequias,
suspirando de amor entre las cruces,
buscando el escondido
sendero de la vida
bajo la mesa de la sacristía.
La ciudad en la esperma del cerote*

fermentó, bajo los paños negros,
y de las ra paduras de la cera
elaboró mcnzanas infernales.

América, la copa de caoba,
entonces fue un crepúsculo de llagas,
un lazareto anegado de sombras
y en la antigua extensión de la frescura
creció la reverencia del gusano.
El oro levantó sobre las pústulas
macizas flores, hiedras silenciosas,
edificios de sombra sumergida.

Una mujer recolectaba pus,
y el vaso de substancia
bebió en honor del cielo cada día,
mientras el hambre bailaba en las minas
de México dorado,
y el corazón andino del Perú
lloraba dulcemente
de frío bajo los harapos.

En las sombras del día tenebroso
el mercader hizo su reino
apenas alumbrado por la hoguera
en que el hereje, retorcido,
hecho pavesas, recibía
su cucharadita de Cristo.
Al día siguiente las señoras,
arreglando las crinolinas,
recordaban el cuerpo enloquecido,
golpeado y devorado por el fuego,
mientras el alguacil examinaba
la minúscula mancha del quemado,
grasa, ceniza, sangre,
que lamían los perros.

XV

LAS
HACIENDAS
(2)

La tierra *andaba entre los mayorazgos
de doblón en doblón, desconocida,
pasta de apariciones y conventos,
hasta que toda la azul geografía*

se dividió en haciendas y encomiendas.
Por el espacio muerto iba la llaga
del mestizo y el látigo
del chapetón y del negrero.
El criollo era un espectro desangrado
que recogía las migajas,
hasta que con ellas reunidas
adquiría un pequeño título
pintado con letras doradas.

Y en el carnaval tenebroso
salía vestido de conde,
orgulloso entre otros mendigos,
con un bastoncito de plata.

XVI

LOS
NUEVOS
PROPIETA-
RIOS
(3)

Así se estancó el tiempo en la cisterna.

El hombre dominado en las vacías
encrucijadas, piedra del castillo,
tinta del tribunal, pobló de bocas
la cerrada ciudad americana.

Cuando ya todo fue paz y concordia,
hospital y virrey, cuando Arellano,
Rojas, Tapia, Castillo, Núñez, Pérez,
Rosales, López, Jorquera, Bermúdez,
los últimos soldados de Castilla,
envejecieron detrás de la Audiencia,
cayeron muertos bajo el mamotreto,
se fueron con sus piojos a la tumba
donde hilaron el sueño
de las bodegas imperiales, cuando
era la rata el único peligro
de las tierras encarnizadas,
se asomó el vizcaíno con un saco,
el Errázuriz con sus alpargatas,
el Fernández Larraín a vender velas,
el Aldunate de la bayeta,
el Eyzaguirre, rey del calcetín.

Entraron todos como pueblo hambriento,
huyendo de los golpes, del gendarme.

Pronto, de camiseta en camiseta,
expulsaron al conquistador
y establecieron la conquista
del almacén de ultramarinos.
Entonces adquirieron orgullo
comprado en el mercado negro.
Se adjudicaron
haciendas, látigos, esclavos,
catecismos, comisarías,
cepos, conventillos, burdeles,
y a todo esto denominaron
santa cultura occidental.

XVII

COMUNEROS
DEL
SOCORRO
(1781)

Fue Manuela Beltrán (cuando rompió los bandos
del opresor, y gritó "Mueran los déspotas")
la que los nuevos cereales
desparramó por nuestra tierra.
Fue en Nueva Granada, en la villa
del Socorro. Los comuneros
sacudieron el virreinato
en un eclipse precursor.

Se unieron contra los estancos,
contra el manchado privilegio,
y levantaron la cartilla
de las peticiones forales.
Se unieron con armas y piedras,
milicia y mujeres, el pueblo,
orden y furia, encaminados
hacia Bogotá y su linaje.
Entonces bajó el Arzobispo.
"Tendréis todos vuestros derechos,
en nombre de Dios lo prometo."

El pueblo se juntó en la plaza.

Y el Arzobispo celebró
una misa y un juramento.

Él era la paz justiciera.

"Guardad las armas. Cada uno
a vuestra casa", sentenció.

Los comuneros entregaron
las armas. En Bogotá
festejaron al Arzobispo,
celebraron su traición,
su perjurio, en la misa pérfida,
y negaron pan y derecho.
Fusilaron a los caudillos,
repartieron entre los pueblos
sus cabezas recién cortadas,
con bendiciones del Prelado
y bailes en el Virreynato.

Primeras, pesadas semillas
arrojadas a las regiones,
permanecéis, ciegas estatuas,
incubando en la noche hostil
la insurrección de las espigas.

XVIII

*TUPAC
AMARU
(1781)*

CONDORCANQUI Tupac Amaru,
sabio señor, padre justo,
viste subir a Tungasuca
la primavera desolada
de los escalones andinos,
y con ella sal y desdicha,
iniquidades y tormentos.

Señor Inca, padre cacique,
todo en tus ojos se guardaba
como en un cofre calcinado
por el amor y la tristeza.
El indio te mostró la espalda
en que las nuevas mordeduras
brillaban en las cicatrices
de otros castigos apagados,
y era una espalda y otra espalda,
toda la altura sacudida
por las cascadas del sollozo.

Era un sollozo y otro sollozo.
Hasta que armaste la jornada
de los pueblos color de tierra,
recogiste el llanto en tu copa
y endureciste los senderos.
Llegó el padre de las montañas,
la pólvora levantó caminos,
y hacia los pueblos humillados
llegó el padre de la batalla.
Tiraron la manta en el polvo,
se unieron los viejos cuchillos,
y la caracola marina
llamó los vínculos dispersos.
Contra la piedra sanguinaria,
contra la inercia desdichada,
contra el metal de las cadenas.
Pero dividieron tu pueblo
y al hermano contra el hermano
enviaron, hasta que cayeron
las piedras de tu fortaleza.
Ataron tus miembros cansados
a cuatro caballos rabiosos
y descuartizaron la luz
del amanecer implacable.

Tupac Amaru, sol vencido,
desde tu gloria desgarrada
sube como el sol en el mar
una luz desaparecida.
Los hondos pueblos de la arcilla,
los telares sacrificados,
las húmedas casas de arena
dicen en silencio: "Tupac",
y Tupac se guarda en el surco,
dicen en silencio: "Tupac",
y Tupac germina en la tierra.

XIX

AMÉRICA
INSURRECTA
(1800)

Nuestra tierra, ancha tierra, soledades,
se pobló de rumores, brazos, bocas.
Una callada sílaba iba ardiendo,
congregando la rosa clandestina,
hasta que las praderas trepidaron
cubiertas de metales y galopes.

Fue dura la verdad como un arado.

Rompió la tierra, estableció el deseo,
hundió sus propagandas germinales
y nació en la secreta primavera.
Fue callada su flor, fue rechazada
su reunión de luz, fue combatida
la levadura colectiva, el beso
de las banderas escondidas,
pero surgió rompiendo las paredes,
apartando las cárceles del suelo.

El pueblo oscuro fue su copa,
recibió la substancia rechazada,
la propagó en los límites marítimos,
la machacó en morteros indomables.
Y salió con las páginas golpeadas
y con la primavera en el camino.
Hora de ayer, hora de mediodía,
hora de hoy otra vez, hora esperada
entre el minuto muerto y el que nace,
en la erizada edad de la mentira.

Patria, naciste de los leñadores,
de hijos sin bautizar, de carpinteros,
de los que dieron como un ave extraña
una gota de sangre voladora,
y hoy nacerás de nuevo duramente,
desde donde el traidor y el carcelero
te creen para siempre sumergida.

Hoy nacerás del pueblo como entonces.

Hoy saldrás del carbón y del rocío.
Hoy llegarás a sacudir las puertas
con manos maltratadas, con pedazos
de alma sobreviviente, con racimos
de miradas que no extinguió la muerte,
con herramientas hurañas
armadas bajo los harapos.

XX

BERNARDO
O'HIGGINS
RIQUELME
(1810)

O' HIGGINS, para celebrarte
a media luz hay que alumbrar la sala.
A medio luz del sur en otoño
con temblor infinito de álamos.

Eres Chile, entre patriarca y huaso,
eres un poncho de provincia, un niño
que no sabe su nombre todavía,
un niño férreo y tímido en la escuela,
un jovencito triste de provincia.
En Santiago te sientes mal, te miran
el traje negro que te queda largo,
y al cruzarte la banda, la bandera
de la patria que nos hiciste,
tenía olor de yuyo matutino,
para tu pecho de estatua campestre.

Joven, tu profesor Invierno
te acostumbró a la lluvia
y en la Universidad de las calles de Londres
la niebla y la pobreza te otorgaron sus títulos
y un elegante pobre, errante incendio
de nuestra libertad,
te dio consejos de águila prudente
y te embarcó en la História.

"Cómo se llama Ud.", reían
los "caballeros" de Santiago:
hijo de amor, de una noche de invierno,
tu condición de abandonado
te construyó con argamasa agreste,
con seriedad de casa o de madera
trabajada en el Sur, definitiva.
Todo lo cambia el tiempo, todo menos tu rostro.

Eres, O'Higgins, reloj invariable
con una sola hora en tu cándida esfera:
la hora de Chile, el único minuto
que permanece en el horario rojo
de la dignidad combatiente.

Así estarás igual entre los muebles
de palisandro y las hijas de Santiago,

que rodeado en Rancagua por la muerte y la pólvora.
Eres el mismo sólido retrato
de quien no tiene padre sino patria,
de quien no tiene novia sino aquella
tierra con azahares
que le conquistará la artillería.

Te veo en el Perú escribiendo cartas.
No hay desterrado igual, mayor exilio.
Es toda la provincia desterrada.

Chile se iluminó como un salón
cuando no estabas. En derroche,
un rigodón de ricos substituye
tu disciplina de soldado ascético,
y la patria ganada por tu sangre
sin ti fue gobernada como un baile
que mira el pueblo hambriento desde fuera.

Ya no podías entrar en la fiesta
con sudor, sangre y polvo de Rancagua.
Hubiera sido de mal tono
para los caballeros capitales.
Hubiera entrado contigo el camino,
un olor de sudor y de caballos,
el olor de la patria en Primavera.

No podías estar en este baile.
Tu fiesta fue un castillo de explosiones.
Tu baile desgreñado es la contienda.
Tu fin de fiesta fue la sacudida
de la derrota, el porvenir aciago
hacia Mendoza, con la patria en brazos.

Ahora mira en el mapa hacia abajo,
hacia el delgado cinturón de Chile
y coloca en la nieve soldaditos,
jóvenes pensativos en la arena,
zapadores que brillan y se apagan.

Cierra los ojos, duerme, sueña un poco,
tu único sueño, el único que vuelve
hacia tu corazón: una bandera
de tres colores en el Sur, cayendo ·
la lluvia, el sol rural sobre tu tierra,

los disparos del pueblo en rebeldía
y dos o tres palabras tuyas cuando
fueran estrictamente necesarias.
Si sueñas, hoy tu sueño está cumplido.
Suéñalo, por lo menos, en la tumba.
No sepas nada más porque, como antes,
después de las batallas victoriosas,
bailan los señoritos en Palacio
y el mismo rostro hambriento
mira desde la sombra de las calles.

Pero hemos heredado tu firmeza,
tu inalterable corazón callado,
tu indestructible posición paterna,
y tú, entre la avalancha cegadora
de húsares del pasado, entre los ágiles
uniformes azules y dorados,
estás hoy con nosotros, eres nuestro,
padre del pueblo, inmutable soldado.

XXI

SAN
MARTÍN
(1810)

ANDUVE, San Martín, tanto y de sitio en sitio,
que descarté tu traje, tus espuelas, sabía
que alguna vez, andando en los caminos
hechos para volver, en los finales
de cordillera, en la pureza
de la intemperie que de ti heredamos,
nos íbamos a ver de un día a otro.

Cuesta diferenciar entre los nudos
de ceibo, entre raíces,
entre senderos señalar tu rostro,
entre los pájaros distinguir tu mirada,
encontrar en el aire tu existencia.

Eres la tierra que nos diste, un ramo
de cedrón que golpea con su aroma,
que no sabemos dónde está, de dónde
llega su olor de patria a las praderas.
Te galopamos, San Martín, salimos
amaneciendo a recorrer tu cuerpo,

respiramos hectáreas de tu sombra,
hacemos fuego sobre tu estatura.

Eres extenso entre todos los héroes.

Otros fueron de mesa en mesa,
de encrucijada en torbellino,
tú fuiste construido de confines,
y empezamos a ver tu geografía,
tu planicie final, tu territorio.
Mientras mayor el tiempo disemina
como agua eterna los terrones
del rencor, los afilados
hallazgos de la hoguera,
más terreno comprendes, más semillas
de tu tranquilidad pueblan los cerros,
más extensión das a la primavera.

El hombre que construye es luego el humo
de lo que construyó, nadie renace
de su propio brasero consumido:
de su disminución hizo existencia,
cayó cuando no tuvo más que polvo.

Tú abarcaste en la muerte más espacio.

Tu muerte fue un silencio de granero.
Pasó la vida tuya, y otras vidas,
se abrieron puertas, se elevaron muros
y la espiga salió a ser derramada.

San Martín, otros capitanes
fulguran más que tú, llevan bordados
sus pámpanos de sal fosforescente,
otros hablan aún como cascadas,
pero no hay uno como tú, vestido
de tierra y soledad, de nieve y trébol.
Te encontramos al retornar del río,
te saludamos en la forma agraria
de la Tucumania florida,
y en los caminos, a caballo
te cruzamos corriendo y levantando
tu vestidura, padre polvoriento.

Hoy el sol y la luna, el viento grande

maduran tu linaje, tu sencilla
composición: tu verdad era
verdad de tierra, arenoso amasijo,
estable como el pan, lámina fresca
de greda y cereales, pampa pura.

Y así eres hasta hoy, luna y galope,
estación de soldados, intemperie,
por donde vamos otra vez guerreando,
caminando entre pueblos y llanuras,
estableciendo tu verdad terrestre,
esparciendo tu germen espacioso,
aventando las páginas del trigo.

Así sea, y que no nos acompañe
la paz hasta que entremos
después de los combates, a tu cuerpo
y duerma la medida que tuvimos
en tu extensión de paz germinadora.

XXII

MINA
(1817) MINA, de las vertientes montañosas
llegaste como un hilo de agua dura.
España clara, España transparente
te parió entre dolores, indomable,
y tienes la dureza luminosa
del agua torrencial de las montañas.

Largamente, en los siglos y las tierras,
sombra y fulgor en tu cuna lucharon,
uñas rampantes degollaban
la claridad del pueblo,
y los antiguos halconeros,
en sus almenas eclesiásticas,
acechaban el pan, negaban
entrada al río de los pobres.

Pero siempre en la torre despiadada,
España, hiciste un hueco
al diamante rebelde y a su estirpe
de luz agonizante y renaciente.

No en vano el estandarte de Castilla
tiene el color del viento comunero,
no en vano por tus cuencas de **granito**
corre la luz azul de Garcilaso,
no en vano en Córdoba, entre arañas
sacerdotales, deja Góngora
sus bandejas de pedrería
aljofaradas por el hielo.

España, entre tus garras
de cruel antigüedad, tu pueblo puro
sacudió las raíces del tormento,
sufragó las acémilas feudales
con invencible sangre derramada,
y en ti la luz, como la sombra, es vieja,
gastada en devorantes cicatrices.
Junto a la paz del albañil cruzada
por la respiración de las encinas,
junto a los manantiales estrellados
en que cintas y sílabas relucen,
sobre tu edad, como un temblor sombrío,
vive en su escalinata el gerifalte.

Hambre y dolor fueron la sílice
de tus arenas ancestrales
y un tumulto sordo, enredado
a las raíces de tus pueblos,
dio a la libertad del mundo
una eternidad de relámpagos,
de cantos y de guerrilleros.

Las hondonadas de Navarra
guardaron el rayo reciente.
Mina sacó del precipicio
el collar de sus guerrilleros:
de las aldeas invadidas,
de las poblaciones nocturnas
extrajo el fuego, alimentó
la abrasadora resistencia,
atravesó fuentes nevadas,
atacó en rápidos recodos,
surgió de los desfiladeros,
brotó de las panaderías.

Lo sepultaron en prisiones,
y al alto viento de la sierra

retornó, revuelto y sonoro,
su manantial intransigente.

A América lo lleva el viento
de la libertad española,
y de nuevo atraviesa bosques
y fertiliza las praderas
su corazón inagotable.
En nuestra lucha, en nuestra tierra
se desangraron sus cristales,
luchando por la libertad
indivisible y desterrada.

En México ataron el agua
de las vertientes españolas.
Y quedó inmóvil y callada
su transparencia caudalosa.

XXIII

MIRANDA
MUERE EN
LA NIEBLA
(1816)

S ENTRÁIS a Europa tarde con sombrero
de copa en el jardín condecorado
por más de un Otoño junto al mármol
de la fuente mientras caen hojas
de oro harapiento en el Imperio
si la puerta recorta una figura
sobre la noche de San Petersburgo
tiemblan los cascabeles del trineo
y alguien en la soledad blanca alguien
el mismo paso la misma pregunta
si tú sales por la florida puerta
de Europa un caballero sombra traje
inteligencia signo cordón de oro
Libertad Igualdad mira su frente
entre la artillería que truena
si en las Islas la alfombra lo conoce
la que recibe océanos Pase Ud Ya lo creo
Cuántas embarcaciones Y la niebla
siguiendo paso a paso su jornada
si en las cavidades de logias librerías
hay alguien guante espada con un mapa
con la carpeta pululante llena
de poblaciones de navíos de aire

si en Trinidad hacia la costa el humo
de un combate y de otro el mar de nuevo
y otra vez la escalera de Bay Street la atmósfera
que lo recibe impenetrable
como un compacto interior de manzana
y otra vez esta mano patricia este azulado
guante guerrero en la antesala
largos caminos guerras y jardines
la derrota en sus labios otra sal
otra sal otro vinagre ardiente
si en Cádiz amarrado al muro
por la gruesa cadena su pensamiento el frío
horror de espada el tiempo el cautiverio
si bajáis subterráneos entre ratas
y la mampostería leprosa otro cerrojo
en un cajón de ahorcado el viejo rostro
en donde ha muerto ahogada una palabra
una palabra nuestro nombre la tierra
hacia donde querían ir sus pasos
la libertad para su fuego errante
lo bajan con cordeles a la mojada
tierra enemiga nadie saluda hace frío
hace frío de tumba en Europa

XXIV

EPISODIO

*JOSÉ
MIGUEL
CARRERA
(1810)*

Dijiste Libertad antes que nadie,
cuando el susurro iba de piedra en piedra,
escondido en los patios, humillado.

Dijiste Libertad antes que nadie.
Liberaste al hijo del esclavo.
Iban como las sombras mercaderes
vendiendo sangre de mares extraños.
Liberaste al hijo del esclavo.

Estableciste la primera imprenta.
Llegó la letra al pueblo oscurecido,
la noticia secreta abrió los labios.
Estableciste la primera imprenta.
Implantaste la escuela en el convento.
Retrocedió la gorda telaraña
y el rincón de los diezmos sofocantes.
Implantaste la escuela en el convento.

Conózcase tu condición altiva,
Señor centelleante y aguerrido.
Conózcase lo que cayó brillando
de tu velocidad sobre la patria.
Vuelo bravío, corazón de púrpura.

Conózcanse tus llaves desbocadas
abriendo los cerrojos de la noche.
Jinete verde, rayo tempestuoso.
Conózcase tu amor a manos llenas,
tu lámpara de luz vertiginosa.
Racimo de una cepa desbordante.
Conózcase tu esplendor instantáneo,
tu errante corazón, tu fuego diurno.

Hierro iracundo, pétalo patricio.
Conózcase tu rayo de amenaza
destrozando las cúpulas cobardes.
Torre de tempestad, ramo de acacia.
Conózcase tu espada vigilante,
tu fundación de fuerza y meteoro.
Conózcase tu rápida grandeza.
Conózcase tu indomable apostura.

EPISODIO

Va por los mares, entre idiomas,
vestidos, aves extranjeras,
trae naves libertadoras,
escribe fuego, ordena nubes,
desentraña sol y soldados,
cruza la niebla en Baltimore
gastándose de puerta en puerta,
créditos y hombres lo desbordan,
lo acompañan todas las olas.
Junto al mar de Montevideo,
en su habitación desterrada,
abre una imprenta, imprime balas.
Hacia Chile vive la flecha
de su dirección insurgente,
arde la furia cristalina
que lo conduce, y endereza
la cabalgata del rescate

montado en las crines ciclónicas
de su despeñada agonía.
Sus hermanos aniquilados
le gritan desde el paredón
de la venganza. Sangre suya
tiñe como una llamarada
en los adobes de Mendoza
su trágico trono vacío.
Sacude la paz planetaria
de la pampa como un circuito
de luciérnagas infernales.
Azota las ciudadelas
con el aullido de las tribus.
Ensarta cabezas cautivas
en el huracán de las lanzas.
Su poncho desencadenado
relampaguea en la humareda
y en la muerte de los caballos.

Joven Pueyrredón, no relates
el desolado escalofrío
de su final, no me atormentes
con la noche del abandono,
cuando lo llevan a Mendoza
mostrando el marfil de su máscara
la soledad de su agonía.

CORO

Patria, presérvalo en tu manto,
recoge este amor peregrino:

no lo dejes rodar al fondo
de su tenebrosa desdicha:
sube a tu frente este fulgor,
esta lámpara inolvidable,
repliega esta rienda frenética,
llama a este párpado estrellado,
guarda el ovillo de esta sangre
para tus telas orgullosas.
Patria, recoge esta carrera,
la luz, la gota mal herida,
este cristal agonizante,
esta volcánica sortija.
Patria, galopa y defiéndelo,
galopa, corre, corre, corre.

Lo llevan a los muros de Mendoza,
al árbol cruel, a la vertiente
de sangre inaugurada, al solitario
tormento, al final frío de la estrella.
Va por las carreteras inconclusas,
zarza y tapiales desdentados,
álamos que le arrojan oro muerto,
rodeado por su orgullo inútil
como por una túnica harapienta
a la que el polvo de la muerte llega.

Piensa en su desangrada dinastía,
en la luna inicial sobre los robles
desgarradores de la infancia,
la escuela castellana y el escudo
rojo y viril de la milicia hispana,
su tribu asesinada, la dulzura
del matrimonio, entre los azahares
el destierro, las luchas por el mundo,
O'Higgins el enigma abanderado,
Javiera sin saber en los remotos
jardines de Santiago.
Mendoza insulta su linaje negro,
golpea su vencida investidura,
y entre las piedras arrojadas sube
hacia la muerte.
                    Nunca un hombre tuvo
un final más exacto. De las ásperas
embestidas, entre viento y bestias,
hasta este callejón donde sangraron
todos los de su sangre.
                    Cada grada
del cadalso lo ajusta a su destino.
Ya nadie puede continuar la cólera.
La venganza, el amor cierran sus puertas.
Las caminos ataron al errante.
Y cuando le disparan, y a través
de su paño de príncipe del pueblo
asoma sangre, es sangre que conoce
la tierra infame, sangre que ha llegado
donde tenía que llegar, al suelo
de lagares sedientos que esperaban
las uvas derrotadas de su muerte.

Indagó hacia la nieve de la patria.
Todo era niebla en la erizada altura

Vio los fusiles cuyo hierro
hizo nacer su amor desmoronado,
se sintió sin raíces, pasajero
del humo, en la batalla solitaria,
y cayó envuelto en polvo y sangre
como en d   brazos de bandera.

CORO

Húsar infortunado, alhaja ardiente,
zarza encendida en la patria nevada.

Llorad por él, llorad hasta que mojen,
mujeres, vuestras lágrimas la tierra,
la tierra que él amó, su idolatría.
Llorad, guerreros ásperos de Chile,
acostumbrados a montaña y ola,
este vacío es como un ventisquero,
esta muerte es el mar que nos golpea.
No preguntéis por qué, nadie diría
la verdad destrozada por la pólvora.
No preguntéis quien fue, nadie arrebata
el crecimiento de la primavera,
nadie mató la rosa del hermano.
Guardemos cólera, dolor y lágrimas,
llenemos el vacío desolado
y que la hoguera en la noche recuerde
la luz de las estrellas fallecidas.
Hermana, guarda tu rencor sagrado.
La victoria del pueblo necesita
la voz de tu ternura triturada.
Extended mantos en su ausencia
para que pueda —frío y enterrado—
con su silencio sostener la patria.
Más de una vida fue su vida.

Buscó su integridad como una llama.
La muerte fue con él hasta dejarlo
para siempre completo y consumido.

ANTISTROFA

Guarde el laurel doloroso su extrema substancia de
invierno.

A su corona de espinas llevemos arena radiante,
hilos de estirpe araucana resguarden la luna mortuoria,
hojas de boldo fragante resuelvan la paz de su tumba,
nieve nutrida en las aguas inmensas y oscuras de Chile,
plantas que amó, toronjiles en tazas de greda silvestre,
ásperas plantas amadas por el amarillo centauro,
negros racimos colmados de eléctrico otoño en la tierra,
ojos sombríos que ardieron bajo sus besos terrestres.
Levante la patria sus aves, sus alas injustas, sus pár-
    pados rojos,
vuele hacia el húsar herido la voz del queltehue en el
    agua,
sangre la loica su mancha de aroma escarlata rindiendo
    tributo
a aquél cuyo vuelo extendiera la noche nupcial de la
    patria
y el cóndor colgado en la altura inmutable corone con
    plumas sangrientas
el pecho dormido, la hoguera que yace en las gradas
    de la cordillera,
rompa el soldado la rosa iracunda aplastada en el
    muro abrumado,
salte el paisano al caballo de negra montura y hocico
    de espuma,
vuelva al esclavo del campo su paz de raíces, su escudo
    enlutado,
levante el mecánico su pálida torre tejida de estaño
    nocturno:
el pueblo que nace en la cuna torcida por mimbres
    y manos del héroe,
el pueblo que sube de negros adobes de minas y bocas
    sulfúricas,
el pueblo levante el martirio y la urna y envuelva el
    recuerdo desnudo
con su ferroviaria grandeza y su eterna balanza de
    piedras y heridas
hasta que la tierra fragante decrete copihues mojados
    y libros abiertos,
al niño invencible, a la ráfaga insigne, al tierno te-
    mible y acerbo soldado.
Y guarde su nombre en el duro dominio del pueblo
    en su lucha,
como el nombre en la nave resiste el combate marino:
la patria en su proa lo.inscriba y lo bese el relámpago
porque así fue su libre y delgada y ardiente materia.

XXV

CUECA

MANUEL
RODRÍGUEZ
Señora, dicen que donde,
mi madre dicen, dijeron,
el agua y el viento dicen
que vieron al guerrillero.

VIDA
Puede ser un obispo,
puede y no puede,
puede ser sólo el viento
sobre la nieve:
sobre la nieve, sí,
madre, no mires,
que viene galopando
Manuel Rodríguez.
Ya viene el guerrillero
por el estero.

CUECA

Saliendo de Melipilla,
corriendo por Talagante,
cruzando por San Fernando,
amaneciendo en Pomaire.

PASIÓN
Pasando por Rancagua,
por San Rosendo,
por Cauquenes, por Chena,
por Nacimiento:
por Nacimiento, sí,
desde Chiñigüe,
por todas partes viene
Manuel Rodríguez.
Pásale este clavel.
Vamos con él.

CUECA

Que se apague la guitarra,
que la patria está de duelo.
Nuestra tierra se oscurece.
Mataron al guerrillero.

Y *MUERTE* En Til-Til lo mataron
los asesinos,
su espalda está sangrando
sobre el camino:
sobre el camino, sí.

Quién lo diría,
el que era nuestra sangre,
nuestra alegría.

La tierra está llorando.
Vamos callando.

XXVI

(I)

ARTIGAS • ARTIGAS crecía entre los matorrales y fue tempestuoso
su paso porque en las praderas creciendo el galope de
piedra o campana
llegó a sacudir la inclemencia del páramo como repetida
centella,
llegó a acumular el color celestial extendiendo los cascos
sonoros
hasta que nació una bandera empapada en el uruguayano
rocío.

(II)

Uruguay, Uruguay, uruguayan los cantos del río
uruguayo,
las aves turpiales, la tórtola de voz malherida, la torre
del trueno uruguayo
proclaman el grito celeste que dice Uruguay en el
viento
y si la cascada redobla y repite el galope de los
caballeros amargos
que hacia la frontera recogen los últimos granos de su
victoriosa derrota
se extiende el unísono nombre de pájaro puro,
la luz de violín que bautiza la patria violenta.

* Aunque escrito varios años después "Artigas", Octavo episodio del libro
La barcarola (Losada, 1967), su tema corresponde al Capítulo IV, "Los
Libertadores". Por esta razón se incluye en esta edición revisada del *Canto
General*.

Oh Artigas, soldado del campo creciente, cuando para
    toda la tropa bastaba
tu poncho estrellado por constelaciones que tu conocías,
hasta que la sangre corrompe y redime la aurora, y
    despiertan tus hombres
marchando agobiados por los polvorientos ramales
    del día.
Oh padre constante del itinerario, caudillo del rumbo,
    centauro de la polvareda!

(IV)

Pasaron los días de un siglo y siguieron las horas detrás
    de tu exilio:
detrás de la selva enredada por mil telarañas de hierro:
detrás del silencio en que solo caían los frutos podridos
    sobre los pantanos,
las hojas, la lluvia desencadenada, la música del urutaú,
los pasos descalzos de los paraguayos entrando y saliendo
    en el sol de la sombra,
la trenza del látigo, los cepos, los cuerpos roídos por
    escarabajos:
un grave cerrojo se impuso apartando el color de la
    selva
y el amoratado crepúsculo cerraba con sus cinturones
los ojos de Artigas que buscan en su desventura la luz
    uruguaya.

(V)

"Amargo trabajo el exilio" escribió aquel hermano de
    mi alma
y así el entretanto de América cayó como párpado oscuro
sobre la mirada de Artigas, jinete del escalofrío,
opreso en la inmóvil mirada de vidrio de un déspota,
    en un reino vacío.

(VI)

América tuya temblaba con penitenciales dolores:
Oribes, Alveares, Carreras, desnudos corrían hacia el
    sacrificio:

morían, nacían, caían: los ojos del ciego mataban: la
		voz de los mudos
hablaba. Los muertos, por fin encontraron partido,
por fin conocieron su bando patricio en la muerte.
Y todos aquellos sangrientos supieron que pertenecían
a la misma fila: la tierra no tiene adversarios.

(VII)

Uruguay es palabra de pájaro, o idioma del agua,
es sílaba de una cascada, es tormento de cristalería,
Uruguay es la voz de las frutas en la primavera fragante,
es un beso fluvial de los bosques y la máscara azul
		del Atlántico.
Uruguay es la ropa tendida en el oro de un día de
		viento,
es el pan en la mesa de América, la pureza del pan
		en la mesa.

(VIII)

Y si Pablo Neruda, el cronista de todas las cosas te
		debía, Uruguay, este canto,
este canto, este cuento, esta miga de espiga, este Artigas,
no falté a mis deberes ni acepté los escrúpulos del
		intransigente:
esperé una hora quieta, aceché una hora inquieta, recogí
		los herbarios del río,
sumergí mi cabeza en tu arena y en la plata de los
		pejerreyes,
en la clara amistad de tus hijos, en tus destartalados
		mercados
me acendré hasta sentirme deudor de tu olor y tu amor.
Y tal vez está escrito el rumor que tu amor y tu olor
		me otorgaron
en estas palabras oscuras, que dejo en memoria de tu
		capitán luminoso.

XXVII

GUAYAQUIL
(1822)

CUANDO entró San Martín, algo nocturno
de camino impalpable, sombra, cuero,
entró en la sala.
		Bolívar esperaba.

Bolívar olfateó lo que llegaba.
Él era aéreo, rápido, metálico,
todo anticipación, ciencia de vuelo,
su contenido ser temblaba
allí, en el cuarto detenido
en la oscuridad de la historia.

Venía de la altura indecible,
de la atmósfera constelada,
iba su ejército adelante
quebrantando noche y distancia,
capitán de un cuerpo invisible,
de la nieve que lo seguía.
La lámpara tembló, la puerta
detrás de San Martín mantuvo
la noche, sus ladridos, un rumor
tibio de desembocadura.
Las palabras abrieron un sendero
que iba y volvía en ellos mismos.
Aquellos dos cuerpos se hablaban,
se rechazaban, se escondían,
se incomunicaban, se huían.

San Martín traía del Sur
un saco de números grises,
la soledad de las monturas
infatigables, los caballos
batiendo tierras, agregándose
a su fortaleza arenaria.
Entraron con él los ásperos
arrieros de Chile, un lento
ejército ferruginoso,
el espacio preparatorio,
las banderas con apellidos
envejecidos en la pampa.

Cuanto hablaron cayó de cuerpo a cuerpo
en el silencio, en el hondo intersticio.
No eran palabras, era la profunda
emanación de las tierras adversas,
de la piedra humana que toca
otro metal inaccesible.
Las palabras volvieron a su sitio.

Cada uno, delante de sus ojos
veía sus banderas.

Uno, el tiempo con flores deslumbrantes,
otro, el roído pasado,
los desgarrones de la tropa.

Junto a Bolívar una mano blanca
lo esperaba, lo despedía,
acumulaba su acicate ardiente,
extendía el lino en el tálamo.
San Martín era fiel a su pradera.
Su sueño era un galope,
una red de correas y peligros.
Su libertad era una pampa unánime.
Un orden cereal fue su victoria.

Bolívar construía un sueño,
una ignorada dimensión, un fuego
de velocidad duradera,
tan incomunicable, que lo hacía
prisionero, entregado a su substancia.

Cayeron las palabras y el silencio.

Se abrió otra vez la puerta, otra vez toda
la noche americana, el ancho río
de muchos labios palpitó un segundo.

San Martín regresó de aquella noche
hacia las soledades, hacia el trigo.
Bolívar siguió solo.

XXVIII

SUCRE   Sucre en las altas tierras, desbordando
el amarillo perfil de los montes,
Hidalgo cae, Morelos recoge
el sonido, el temblor de una campana
propagado en la tierra y en la sangre.
Páez recorre los caminos
repartiendo aire conquistado,
cae el rocío en Cundinamarca
sobre la fraternidad de las heridas,
el pueblo insurge inquieto

desde la latitud a la secreta
célula, emerge un mundo
de despedidas y galopes,
nace a cada minuto una bandera
como una flor anticipada:
banderas hechas de pañuelos
sangrientos y de libros libres,
banderas arrastradas al polvo
de los caminos, destrozadas
por la caballería, abiertas
por estampidos y relámpagos.

LAS
BANDERAS

Nuestras banderas de aquel tiempo
fragante, bordadas apenas,
nacidas apenas, secretas
como un profundo amor, de pronto
encarnizadas en el viento
azul de la pólvora amada.

América, extensa cuna, espacio
de estrella, granada madura,
de pronto se llenó de abejas
tu geografía, de susurros
conducidos por los adobes
y las piedras, de mano en mano,
se llenó de trajes la calle
como un panal atolondrado.

En la noche de los disparos
el baile brillaba en los ojos,
subía como una naranja
el azahar a las camisas,
besos de adiós, besos de harina,
el amor amarraba besos,
y la guerra cantaba con
su guitarra por los caminos.

XXIX

CASTRO
ALVES
DEL BRASIL *

CASTRO *Alves del Brasil, tú para quién cantaste?
Para la flor cantaste? Para el agua
cuya hermosura dice palabras a las piedras?*

* Anteriormente el poema "Castro Alves del Brasil" integraba el Apéndice
"Poesía y Prosa no incluidas en libro", de las *Obras Completas*. Lo in-
cluimos ahora en "Los Libertadores" del *Canto General*, lugar que le
corresponde por su tema.

Cantaste para los ojos, para el perfil cortado
de la que amaste entonces? Para la primavera?

Sí, pero aquellos pétalos no tenían rocío,
aquellas aguas negras no tenían palabras,
aquellos ojos eran los que vieron la muerte,
ardían los martirios aun detrás del amor,
la primavera estaba salpicada de sangre.

—Canté para los esclavos, ellos sobre los barcos
como el racimo oscuro del árbol de la ira
viajaron, y en el puerto se desangró el navío
dejándonos el peso de una sangre robada.

—Canté en aquellos días contra el infierno,
contra las afiladas lenguas de la codicia,
contra el oro empapado en el tormento,
contra la mano que empuñaba el látigo,
contra los directores de tinieblas.

—Cada rosa tenía un muerto en sus raíces.
La luz, la noche, el cielo se cubrían de llanto,
los ojos se apartaban de las manos heridas
y era mi voz la única que llenaba el silencio.

—Yo quise que del hombre nos salváramos,
yo creía que la ruta pasaba por el hombre,
y que de allí tenía que salir el destino.
Yo canté para aquellos que no tenían voz.
Mi voz golpeó las puertas hasta entonces cerradas
para que, combatiendo, la Libertad entrase.

Castro Alves del Brasil, hoy que tu libro puro
vuelve a nacer para la tierra libre,
déjame a mí, poeta de nuestra pobre América,
coronar tu cabeza con el laurel del pueblo.
Tu voz se unió a la eterna y alta voz de los hombres.
Cantaste bien. Cantaste como debe cantarse.

TOUSSAINT
L'OUVER-
TURE

Haití, de su dulzura enmarañada,
extrae pétalos patéticos,
rectitud de jardines, edificios
de la grandeza, arrulla
el mar como un abuelo oscuro ,
su antigua dignidad de piel y espacio.

Toussaint L'Ouverture anuda
la vegetal soberanía,
la majestad encadenada,
la sorda voz de los tambores
y ataca, cierra el paso, sube,
ordena, expulsa, desafía
como un monarca natural,
hasta que en la red tenebrosa
cae y lo llevan por los mares
arrastrado y atropellado
como el regreso de su raza,
tirado a la muerte secreta
de las sentinas y los sótanos.
Pero en la Isla arden las peñas,
hablan las ramas escondidas,
se transmiten las esperanzas,
surgen los muros del baluarte.
La libertad es bosque tuyo,
oscuro hermano, preserva
tu memoria de sufrimientos
y que los héroes pasados
custodien tu mágica espuma.

XXXI

MORAZÁN
(1842)

Alta es la noche y Morazán vigila.
Es hoy, ayer, mañana? Tú lo sabes.

Cinta central, América angostura
que los golpes azules de dos mares
fueron haciendo, levantando en vilo
cordilleras y plumas de esmeralda:
territorio, unidad, delgada diosa
nacida en el combate de la espuma.

Te desmoronan hijos y gusanos,
se extienden sobre ti las alimañas
y una tenaza te arrebata el sueño
y un puñal con tu sangre te salpica
mientras se despedaza tu estandarte.

Alta es la noche y Morazán vigila.

Ya viene el tigre enarbolando un hacha.
Vienen a devorarte las entrañas.
Vienen a dividir la estrella.

                    Vienen,

pequeña **América** olorosa,
a clavarte en la cruz, a desollarte,
a tumbar el metal de tu bandera.

Alta es la noche y Morazán vigila.

Invasores llenaron tu morada.
Y te partieron como fruta muerta,
y otros sellaron sobre tus espaldas
los dientes de una estirpe sanguinaria,
y otros te saquearon en los puertos
cargando sangre sobre tus dolores.

Es hoy, ayer, mañana? Tú lo sabes.

Hermanos, amanece. (Y Morazán vigila.)

XXXII

VIAJE
POR LA
NOCHE DE
JUÁREZ

JUÁREZ, si recogiéramos
la íntima estrata, la materia
de la profundidad, si cavando tocáramos
el profundo metal de las repúblicas,
esta unidad sería tu estructura,
tu impasible bondad, tu terca mano.
Quien mira tu levita,
tu parca ceremonia, tu silencio,
tu rostro hecho de tierra americana,
si no es de aquí, si no ha nacido en estas
llanuras, en la greda montañosa
de nuestras soledades, no comprende.
Te hablarán divisando una cantera.
Te pasarán como se pasa un río.
Darán la mano a un árbol, a un sarmiento,
a un sombrío camino de la tierra.

Para nosotros eres pan y piedra,
horno y producto de la estirpe oscura.

Tu rostro fue nacido en nuestro barro.
Tu majestad es mi región nevada,
tus ojos la enterrada alfarería.

Otros tendrán el átomo y la gota
de eléctrico fulgor, de brasa inquieta:
tú eres el muro hecho de nuestra sangre,
tu rectitud impenetrable
sale de nuestra dura geología.

No tienes nada que decir al aire,
al viento de oro que viene de lejos,
que lo diga la tierra ensimismada,
la cal, el mineral, la levadura.

Yo visité los muros de Querétaro,
toqué cada peñasco en la colina,
la lejanía, cicatriz y cráter,
los cactus de ramales espinosos:
nadie persiste allí, se fue el fantasma,
nadie quedó dormido en la dureza:
sólo existen la luz, los aguijones
del matorral, y una presencia pura:
Juárez, tu paz de noche justiciera,
definitiva, férrea y estrellada.

XXXIII

EL
VIENTO
SOBRE
LINCOLN

A veces el viento del Sur resbala
sobre la sepultura de Lincoln trayendo
voces y briznas de ciudades y árboles
nada pasa en su tumba las letras no se mueven
el mármol se suaviza con lentitud de siglos
el viejo caballero ya no vive
no existe el agujero de su antigua camisa
se han mezclado las fibras de tiempo y polvo humano
qué vida tan cumplida dice una temblorosa
señora de Virginia una escuela que canta
más de una escuela canta pensando en otras cosas
pero el viento del Sur la emanación de tierras
de caminos a veces se detiene en la tumba
su transparencia es un periódico moderno
vienen sordos rencores lamentos como aquéllos

el sueño inmóvil vencedor yacía
bajo los pies llenos de lodo que pasaron
cantando y arrastrando tanta fatiga y sangre
pues bien esta mañana vuelve al mármol el odio
el odio del Sur blanco hacia el viejo dormido
en las iglesias los negros están solos con Dios
con Dios según lo creen en las plazas
en los trenes el mundo tiene ciertos letreros
que dividen el cielo el agua el aire
qué vida tan perfecta dice la delicada
señorita y en Georgia matan a palos
cada semana a un joven negro
mientras Paul Robeson canta como la tierra
como el comienzo del mar y de la vida
canta sobre la crueldad y los avisos
de coca-cola canta para hermanos
de mundo a mundo entre los castigos
canta para los nuevos hijos para
que el hombre oiga y detenga su látigo
la mano cruel la mano que Lincoln abatiera
la mano que resurge como una blanca víbora
el viento pasa el viento sobre la tumba trae
conversaciones restos de juramentos algo
que llora sobre el mármol como una lluvia fina
de antiguos de olvidados dolores insepultos
el Klan mató a un bárbaro persiguiéndolo
colgando al pobre negro que aullaba quemándolo
vivo y agujereado por los tiros
bajo sus capuchones los prósperos rotarios
no saben así creen que sólo son verdugos
cobardes carniceros detritus del dinero
con la cruz de Caín regresan
a lavarse las manos a rezar el domingo
telefonean al Senado contando sus hazañas
de esto no sabe nada el muerto de Illinois
porque el viento de hoy habla un lenguaje
de esclavitud de furia de cadena
y a través de las losas él hombre ya no existe
es un desmenuzado polvillo de victoria
de victoria arrasada después de triunfo muerto
no sólo la camisa del hombre se ha gastado
no sólo el agujero de la muerte nos mata
sino la primavera repetida el transcurso
que roe al vencedor con su canto cobarde
muere el valor de ayer se derraman de nuevo
las furiosas banderas del malvado
alguien canta junto al monumento es un coro

de niñas escolares voces ácidas
que suben sin tocar el polvo externo
que pasan sin bajar al leñador dormido
a la victoria muerta bajo las reverencias
mientras el burlón y viajero viento del Sur sonríe.

XXXIV

MARTÍ
(1890)

CUBA, flor espumosa, efervescente
azucena escarlata, jazminero,
cuesta encontrar bajo la red florida
tu sombrío carbón martirizado,
la antigua arruga que dejó la muerte,
la cicatriz cubierta por la espuma.

Pero dentro de ti como una clara
geometría de nieve germinada,
donde se abren tus últimas cortezas,
yace Martí como una almendra pura.

Está en el fondo circular del aire,
está en el centro azul del territorio,
y reluce como una gota de agua
su dormida pureza de semilla.

Es de cristal la noche que lo cubre.
Llanto y dolor, de pronto, crueles gotas
atraviesan la tierra hasta el recinto
de la infinita claridad dormida.

El pueblo a veces baja sus raíces
a través de la noche hasta tocar
el agua quieta en su escondido manto.
A veces cruza el rencor iracundo
pisoteando sembradas superficies
y un muerto cae en la copa del pueblo.

A veces vuelve el látigo enterrado
a silbar en el aire de la cúpula
y una gota de sangre como un pétalo
cae a la tierra y desciende al silencio.
Todo llega al fulgor inmaculado.

Los temblores minúsculos golpean
las puertas de cristal del escondido.

Toda lágrima toca su corriente.

Todo fuego estremece su estructura.
Y así de la yacente fortaleza,
del escondido germen caudaloso
salen los combatientes de la isla.

Vienen de un manantial determinado.

Nacen de una vertiente cristalina.

XXXV

BALMACEDA
DE
CHILE
(1891)

Mr. North ha llegado de Londres.

Es un magnate del nitrato.
Antes trabajó en la pampa,
de jornalero, algún tiempo,
pero se dio cuenta y se fue.
Ahora vuelve, envuelto en libras.
Trae dos caballitos árabes
y una pequeña locomotora
toda de oro. Son regalos
para el Presidente, un tal
José Manuel Balmaceda.

"You are very clever, Mr. North."

Rubén Darío entra por esta casa,
por esta Presidencia como quiere.
Una botella de coñac le aguarda.
El joven Minotauro envuelto en niebla
de ríos, traspasado de sonidos
sube la gran escala que será
tan difícil subir a Mr. North.
El Presidente regresó hace poco
del desolado Norte salitroso,
allí dijo: "Esta tierra, esta riqueza
será de Chile, esta materia blanca

convertiré en escuelas, en caminos,
en pan para mi pueblo."
Ahora entre papeles, en palacio,
su fina forma, su intensa mirada
mira hacia los desiertos del salitre.

Su noble rostro no sonríe.

La cabeza, de pálida apostura,
tiene la antigua calidad de un muerto,
de un viejo antepasado de la patria.

Todo su ser es examen solemne.

Algo inquieta como una racha fría,
su paz, su movimiento pensativo.

Rechazó los caballos, la maquinita de oro
de Mr. North. Los alejó sin verlos
hacia su dueño, el poderoso gringo.
Movió apenas la desdeñosa mano.
"Ahora, Mr. North, no puedo
entregarle estas concesiones,
no puedo amarrar a mi patria
a los misterios de la City."

Mr. North se instala en el Club.
Cien whiskies van para su mesa,
cien comidas para abogados,
para el Parlamento, champaña
para los tradicionalistas.
Corren agentes hacia el Norte,
las hebras van, vienen y vuelven.
Las suaves libras esterlinas
tejen como arañas doradas
una tela inglesa, legítima,
para mi pueblo, un traje sastre
de sangre, pólvora y miseria.

"You are very clever, Mr. North."
Sitia la sombra a Balmaceda.

Cuando llega el día lo insultan,
lo escarnecen los aristócratas,
le ladran en el Parlamento,

lo fustigan y lo calumnian.
Dan la batalla, y han ganado.
Pero no basta: hay que torcer
la historia. Las buenas viñas
se "sacrifican" y el alcohol
llena la noche miserable.
Los elegantes jovencitos
marcan las puertas y una horda
asalta las casas, arroja
los pianos desde los balcones.
Aristocrático picnic
con cadáveres en la acequia
y champagne francés en el Club.

"You are very clever, Mr. North."

La Embajada argentina abrió
sus puertas al Presidente.

Esa tarde escribe con la misma
seguridad de mano fina,
la sombra entra en sus grandes ojos
como una oscura mariposa,
de profundidad fatigada.

Y la magnitud de su frente
sale del mundo solitario,
de la pequeña habitación,
ilumina la noche oscura.
Escribe su nítido nombre,
las letras de largo perfil
de su doctrina traicionada.

Tiene el revólver en su mano.

Mira a través de la ventana
un trozo postrero de patria,
pensando en todo el largo cuerpo
de Chile, oscurecido
como una página nocturna.
Viaja, y sin ver cruzan sus ojos,
como en los vidrios de un tren,
rápidos campos, caseríos,
torres, riberas anegadas,
pobreza, dolores, harapos.
Él soñó un sueño preciso,

quiso cambiar el desgarrado
paisaje, el cuerpo consumido
del pueblo, quiso defenderlo.

Es tarde ya, escucha disparos
aislados, los gritos vencedores,
el salvaje malón, los aullidos
de la "aristocracia", escucha
el último rumor, el gran silencio,
y entra con él, recostado, a la muerte.

XXXVI

*A
EMILIANO
ZAPATA
CON MÚSICA
DE
TATA NACHO*

Cuando arreciaron los dolores
en la tierra, y los espinares desolados
fueron la herencia de los campesinos,
y como antaño, las rapaces
barbas ceremoniales, y los látigos,
entonces, flor y fuego galopado...

*Borrachita me voy
hacia la capital*

se encabritó en el alba transitoria
la tierra sacudida de cuchillos,
el peón de sus amargas madrigueras
cayó como un elote desgranado
sobre la soledad vertiginosa.

*a pedirle al patrón
que me mandó llamar*

Zapata entonces fue tierra y aurora.
En todo el horizonte aparecía
la multitud de su semilla armada.
En un ataque de aguas y fronteras
el férreo manantial de Coahuila,
las estelares piedras de Sonora:
todo vino a su paso adelantado,
a su agraria tormenta de herraduras.

*que si se va del rancho
muy pronto volverá*

Reparte el pan, la tierra:
                              te acompaño.
Yo renuncio a mis párpados celestes.
Yo, Zapata, me voy con el rocío
de las caballerías matutinas,
en un disparo desde los nopales
hasta las casas de pared rosada.

> *...cintitas pa tu pelo*
> *no llores por tu Pancho...*

La luna duerme sobre las monturas.
La muerte amontonada y repartida
yace con los soldados de Zapata.
El sueño esconde bajo los baluartes
de la pesada noche su destino,
su incubadora sábana sombría.
La hoguera agrupa el aire desvelado:
grasa, sudor y pólvora nocturna.

> *...Borrachita me voy*
> *para olvidarte...*

Pedimos patria para el humillado.
Tu cuchillo divide el patrimonio
y tiros y corceles amedrentan
los castigos, la barba del verdugo.
La tierra se reparte con un rifle.
No esperes, campesino polvoriento,
después de tu sudor la luz completa
y el cielo parcelado en tus rodillas.
Levántate y galopa con Zapata.

> *...Yo la quise traer*
> *dijo que no...*

México, huraña agricultura, amada
tierra entre los oscuros repartida:
de las espadas del maíz salieron
al sol tus centuriones sudorosos.
De la nieve del Sur vengo a cantarte.
Déjame galopar en tu destino
y llenarme de pólvora y arados.

> *...Que si habrá de llorar*
> *pa qué volver...*

SANDINO
(1926)

Fue cuando en tierra nuestra
se enterraron
las cruces, se gastaron
inválidas, profesionales.
Llegó el dólar de dientes agresivos
a morder territorio,
en la garganta pastoril de América.
Agarró Panamá con fauces duras,
hundió en la tierra fresca sus colmillos,
chapoteó en barro, whisky, sangre,
y juró un Presidente con levita:
"Sea con nosotros el soborno
de cada día."
          Luego, llegó el acero,
y el canal dividió las residencias,
aquí los amos, allí la servidumbre.

Corrieron hacia Nicaragua.

Bajaron, vestidos de blanco,
tirando dólares y tiros.
Pero allí surgió un capitán
que dijo: "No, aquí no pones
tus concesiones, tu botella."
Le prometieron un retrato
de Presidente, con guantes,
banda terciada y zapatitos
de charol recién adquiridos.
Sandino se quitó las botas,
se hundió en los trémulos pantanos,
se terció la banda mojada
de la libertad en la selva,
y, tiro a tiro, respondió
a los "civilizadores."

La furia norteamericana
fue indecible: documentados
embajadores convencieron
al mundo que su amor era
Nicaragua, que alguna vez
el orden debía llegar
a sus entrañas soñolientas.

Sandino colgó a los intrusos.

Los héroes de Wall Street
fueron comidos por la ciénaga,
un relámpago los mataba,
más de un machete los seguía,
una soga los despertaba
como una serpiente en la noche,
y colgando de un árbol eran
acarreados lentamente
por coleópteros azules
y enredaderas devorantes.

Sandino estaba en el silencio,
en la Plaza del Pueblo, en todas
partes estaba Sandino,
matando norteamericanos,
ajusticiando invasores.
Y cuando vino la aviación,
la ofensiva de los ejércitos
acorazados, la incisión
de aplastadores poderíos,
Sandino, con sus guerrilleros,
como un espectro de la selva,
era un árbol que se enroscaba
o una tortuga que dormía
o un río que se deslizaba.
Pero árbol, tortuga, corriente
fueron la muerte vengadora,
fueron sistemas de la selva,
mortales síntomas de araña.

(En 1948
un guerrillero
de Grecia, columna de Esparta,
fue la urna de luz atacada
por los mercenarios del dólar.
Desde los montes echó fuego
sobre los pulpos de Chicago,
y como Sandino, el valiente
de Nicaragua, fue llamado
"bandolero de las montañas.")

Pero cuando fuego, sangre
y dólar no destruyeron
la torre altiva de Sandino,
los guerreros de Wall Street
hicieron la paz, invitaron
a celebrarla al guerrillero,

y un traidor recién alquilado

le disparó su carabina.

Se llama Somoza. Hasta hoy
está reinando en Nicaragua:
los treinta dólares crecieron
y aumentaron en su barriga.

Ésta es la historia de Sandino,
capitán de Nicaragua,
encarnación desgarradora
de nuestra arena traicionada,
dividida y acometida,
martirizada y saqueada.

XXXVIII

(1)

HACIA
RECABA-
RREN

LA TIERRA, el metal de la tierra, la compacta
hermosura, la paz ferruginosa
que será lanza, lámpara o anillo,
materia pura, acción
del tiempo, salud
de la tierra desnuda.

El mineral fue como estrella
hundida y enterrada.
A golpes de planeta, gramo a gramo,
fue escondida la luz.
Áspera capa, arcilla, arena
cubrieron tu hemisferio.

Pero yo amé tu sal, tu superficie.
Tu goterón, tu párpado, tu estatua.

En el quilate de pureza dura
cantó mi mano: en la égloga
nupcial de la esmeralda fui citado,
y en el hueco del hierro puse mi rostro un día
hasta emanar abismo, resistencia y aumento.

Pero yo no sabía nada.

El hierro, el cobre, las sales lo sabían.

Cada pétalo de oro fue arrancado con sangre.
Cada metal tiene un soldado.

(2)

EL
COBRE

Yo llegué al cobre, a Chuquicamata.
Era tarde en las cordilleras.
El aire era como una copa
fría, de seca transparencia.
Antes viví en muchos navíos,
pero en la noche del desierto
la inmensa mina resplandecía
como un navío cegador
con el rocío deslumbrante
de aquellas alturas nocturnas.

Cerré los ojos: sueño y sombra
extendían sus gruesas plumas
sobre mí como aves gigantes.
Apenas y de tumbo en tumbo,
mientras bailaba el automóvil,
la oblicua estrella, el penetrante
planeta, como una lanza,
me arrojaban un rayo helado
de fuego frío, de amenaza.

(3)

LA NOCHE
EN
CHUQUI-
CAMATA

Era alta noche ya, noche profunda,
como interior vacío de campana.
Y ante mis ojos vi los muros implacables,
el cobre derribado en la pirámide.
Era verde la sangre de esas tierras.

Alta hasta los planetas empapados
era la magnifud nocturna y verde.
Gota a gota una leche de turquesa,
una aurora de piedra,
fue construida por el hombre
y ardía en la inmensidad,
en la estrellada tierra abierta
de toda la noche arenosa.

Paso a paso, entonces, la sombra
                              me llevó
de la mano hacia el Sindicato.
                              Era el mes de julio
en Chile, en la estación fría.
Junto a mis pasos, muchos días
(o siglos) (o simplemente meses
de cobre, piedra y piedra y piedra,
es decir, de infierno en el tiempo:
del infinito sostenido
por una mano sulfurosa),
iban otros pasos y pies
que sólo el cobre conocía.

     Era una multitud grasienta,
     hambre y harapo, soledades,
     la que cavaba el socavón.
     Aquella noche no vi
     desfilar su herida sin número
     en la costa cruel de la mina.

     Pero yo fui de esos tormentos.

Las vértebras del cobre estaban húmedas,
descubiertas a golpes de sudor
en la infinita luz del aire andino.
Para excavar los huesos minerales
de la estatua enterrada por los siglos,
el hombre construyó las galerías
de un teatro vacío.
Pero la esencia dura,
la piedra en su estatura, la victoria
del cobre huyó dejando un cráter
de ordenado volcán, como si aquella
estatua, estrella verde,
fuera arrancada al pecho de un dios ferruginoso
dejando un hueco pálido socavado en la altura.

    (4)

LOS   Todo eso fue tu mano.
CHILENOS

     Tu mano fue la uña
     del compatriota mineral, del "roto"
     combatido, del pisoteado

material humano, del hombrecito con harapos.
Tu mano fue como la geografía:
cavó este cráter de tiniebla verde,
fundó un planeta de piedra oceánica.

Anduvo por las maestranzas
manejando las palas rotas
y poniendo pólvora en todas
partes, como huevos
de gallina ensordecedora.

Se trata de un cráter remoto:
aun desde la luna llena
se vería su profundidad
hecha mano a mano por
un tal Rodríguez, un tal Carrasco,
un tal Díaz Iturrieta,
un tal Abarca, un tal Gumersindo,
un tal chileno llamado Mil.

Esta inmensidad, uña a uña,
el desgarrado chileno, un día
y otro día, otro invierno, a pulso,
a velocidad, en la lenta
atmósfera de las alturas,
la recogió de la argamasa,
la estableció entre las regiones.

(5)

EL HÉROE   No fue sólo firmeza tumultuosa
de muchos dedos, no sólo fue la pala,
no sólo el brazo, la cadera, el peso
de todo el hombre y su energía:
fueron dolor, incertidumbre y furia
los que cavaron el centímetro
de altura calcárea, buscando
las venas verdes de la estrella,
los finales fosforescentes
de los cometas enterrados.

Del hombre gastado en su abismo
nacieron las sales sangrientas.
Porque es el Reinaldo agresivo,
busca piedras, el infinito

Sepúlveda, tu hijo, sobrino de
tu tía Eduviges Rojas,
el héroe ardiendo, el que desvencija
la cordillera mineral.

Así fue como conociendo,
entrando como a la uterina
originalidad de la entraña,
en tierra y vida, fui venciéndome:
hasta sumirme en hombre, en agua
de lágrimas como estalactitas,
de pobre sangre despeñada,
de sudor caído en el polvo.

(6)

OFICIOS   Otras veces con Lafertte, más lejos,
          entramos en Tarapacá,
          desde Iquique azul y ascético,
          por los límites de la arena.

Me mostró Elías las palas
de los derripiadores, hundido
en las maderas cada dedo
del hombre: estaban gastadas
por el roce de cada yema.
Las presiones de aquellas manos derritieron
los pedernales de la pala,
y así abrieron los corredores
de tierra y piedra, metal y ácido,
estas uñas amargas, estos
ennegrecidos cinturones
de manos que rompen planetas,
y elevan las sales al cielo,
diciendo como en el cuento,
en la historia celeste: "Éste
es el primer día de la tierra."

          Así aquel que nadie vio antes
          (antes de aquel día de origen),
          el prototipo de la pala,
          se levantó sobre las cáscaras
          del infierno; las dominó
          con sus rudas manos ardientes,
          abrió las hojas de la tierra,

y apareció en camisa azul
el capitán de dientes blancos,
el conquistador de salitre.

(7)

**EL
DESIERTO** El duro mediodía de las grandes arenas
ha llegado:
el mundo está desnudo,
ancho, estéril y limpio hasta las últimas
fronteras arenales:
escuchad el sonido quebradizo
de la sal viva, sola en los salares:
el sol rompe sus vidrios en la extensión vacía
y agoniza la tierra con un seco
y ahogado ruido de la sal que gime.

(8)

(Nocturno)

Ven al circuito del desierto,
a la alta aérea noche de la pampa,
al círculo nocturno, espacio y astro,
donde la zona del Tamarugal recoge
todo el silencio perdido en el tiempo.

Mil años de silencio en una copa
de azul calcáreo, de distancia y luna,
labran la geografía desnuda de la noche.

Yo te amo, pura tierra, como tantas
cosas amé contrarias:
la flor, la calle, la abundancia, el rito.

Yo te amo, hermana pura del océano.
Para mí fue difícil esta escuela vacía
en que no estaba el hombre, ni el muro, ni la planta
para apoyarme en algo.

Estaba solo.
Era llanura y soledad la vida.

Era éste el pecho varonil del mundo.

Y amé el sistema de tu forma recta,

la extensa precisión de tu vacío.

(9)

EL PÁRAMO

En el páramo el hombre vivía
mordiendo tierra, aniquilado.
Me fui derecho a la madriguera,
metí la mano entre los piojos,
anduve por los rieles hasta
el amanecer desolado,
dormí sobre las tablas duras,
bajé de la faena en la tarde,
me quemaron el vapor y el yodo,
estreché la mano del hombre,
conversé con la mujercita,
puertas adentro entre gallinas,
entre harapos, en el olor
de la pobreza abrasadora.

Y cuando tantos dolores
reuní, cuando tanta sangre
recogí en el cuenco del alma,
vi venir del espacio puro
de las pampas inabarcables
un hombre hecho de su misma arena,
un rostro inmóvil y extendido,
un traje con un ancho cuerpo,
unos ojos entrecerrados
como lámparas indomables.

Recabarren era su nombre.

XXXIX

RECABA-
RREN
(1921)

Su NOMBRE era Recabarren.

Bonachón, corpulento, espacioso,
clara mirada, frente firme,
su ancha compostura cubría,
como la arena numerosa,
los yacimientos de la fuerza.

Mirad en la pampa de América
(ríos ramales, clara nieve,
cortaduras ferruginosas)
a Chile con su destrozada
biología, como un ramaje
arrancado, como un brazo
cuyas falanges dispersó
el tráfico de las tormentas.

Sobre las áreas musculares
de los metales y el nitrato,
sobre la atlética grandeza
del cobre recién excavado,
el pequeño habitante vive,
acumulado en el desorden,
con un contrato apresurado,
lleno de niños andrajosos,
extendidos por los desiertos
de la superficie salada.

Es el chileno interrumpido
por la cesantía o la muerte.

Es el durísimo chileno
sobreviviente de las obras
o amortajado por la sal.

Allí llegó con sus panfletos
este capitán del pueblo.
Tomó al solitario ofendido
que, envolviendo sus mantas rotas
sobre sus hijos hambrientos,
aceptaba las injusticias
encarnizadas, y le dijo:
"Junta tu voz a otra voz",
"Junta tu mano a otra mano."
Fue por los rincones aciagos
del salitre, llenó la pampa
con su investidura paterna
y en el escondite invisible
lo vio toda la minería.

Llegó cada "gallo" golpeado,
vino cada uno de los lamentos:
entraron como fantasmas
de pálida voz triturada

y salieron de sus manos
con una nueva dignidad.
En toda la pampa se supo.
Y fue por la patria entera
fundando pueblo, levantando
los corazones quebrantados.
Sus periódicos recién impresos
entraron en las galerías
del carbón, subieron al cobre,
y el pueblo besó las columnas
que por primera vez llevaban
la voz de los atropellados.

Organizó las soledades.
Llevó los libros y los cantos
hasta los muros del terror,
juntó una queja y otra queja,
y el esclavo sin voz ni boca,
el extendido sufrimiento,
se hizo nombre, se llamó Pueblo,
Proletariado, Sindicato,
tuvo persona y apostura.

Y este habitante transformado
que se construyó en el combate,
este organismo valeroso,
esta implacable tentativa,
este metal inalterable,
esta unidad de los dolores,
esta fortaleza del hombre,
este camino hacia mañana,
esta cordillera infinita,
esta germinal primavera,
este armamento de los pobres,
salió de aquellos sufrimientos,
de lo más hondo de la patria,
de lo más duro y más golpeado,
de lo más alto y más eterno
y se llamó Partido.

Partido

Comunista.

Ése fue su nombre.
Fue grande la lucha. Cayeron
como buitres los dueños del oro.

Combatieron con la calumnia.
"Este Partido Comunista
está pagado por el Perú,
por Bolivia, por extranjeros."
Cayeron sobre las imprentas,
adquiridas gota por gota
con sudor de los combatientes,
y las atacaron quebrándolas,
quemándolas, desparramando
la tipografía del pueblo.
Persiguieron a Recabarren.
Le negaron entrada y paso.
Pero él congregó su semilla
en los socavones desiertos
y fue defendido el baluarte.

Entonces, los empresarios
norteamericanos e ingleses,
sus abogados, senadores,
sus diputados, presidentes,
vertieron la sangre en la arena,
acorralaron, amarraron,
asesinaron nuestra estirpe,
la fuerza profunda de Chile,
dejaron junto a los senderos
de la inmensa pampa amarilla
cruces de obreros fusilados,
cadáveres amontonados
en los repliegues de la arena.

Una vez a Iquique, en la costa,
hicieron venir a los hombres
que pedían escuela y pan.
Allí confundidos, cercados
en un patio, los dispusieron
para la muerte.
                    Dispararon
con silbante ametralladora,
con fusiles tácticamente
dispuestos, sobre el hacinado
montón de dormidos obreros.
La sangre llenó como un río
la arena pálida de Iquique,
y allí está la sangre caída,.
ardiendo aún sobre los años
como una corola implacable.

Pero sobrevivió la resistencia.
La luz organizada por las manos
de Recabarren, las banderas rojas
fueron desde las minas a los pueblos,
fueron a las ciudades y a los surcos,
rodaron con las ruedas ferroviarias,
asumieron las bases del cemento,
ganaron calles, plazas, alquerías,
fábricas abrumadas por el polvo,
llagas cubiertas por la primavera:
todo cantó y luchó para vencer
en la unidad del tiempo que amanece.

Cuánto ha pasado desde entonces.
Cuánta sangre sobre la sangre,
cuántas luchas sobre la tierra.
Horas de espléndida conquista,
triunfos ganados gota a gota,
calles amargas, derrotadas,
zonas oscuras como túneles,
traiciones que parecían
cortar la vida con su filo,
represiones armadas de odio,
coronadas militarmente.

Parecía hundirse la tierra.

Pero la lucha permanece.

ENVÍO
(1949)
Recabarren, en estos días
de persecución, en la angustia
de mis hermanos relegados,
combatidos por un traidor,
y con la patria envuelta en odio,
herida por la tiranía,
recuerdo la lucha terrible
de tus prisiones, de tus pasos
primeros, tu soledad
de torreón irreductible,
y cuando, saliendo del páramo,
un hombre y otro a ti vinieron
a congregar el amasijo
del pan humilde defendido
por la unidad del pueblo augusto.

Recabarren, hijo de Chile,
padre de Chile, padre nuestro,
en tu construcción, en tu línea
fraguada en tierras y tormentos
nace la fuerza de los días
venideros y vencedores.

Tú eres la patria, pampa y pueblo,
arena, arcilla, escuela, casa,
resurrección, puño, ofensiva,
orden, desfile, ataque, trigo,
lucha, grandeza, resistencia.

Recabarren, bajo tu mirada
juramos limpiar las heridas
mutilaciones de la patria.

Juramos que la libertad
levantará su flor desnuda
sobre la arena deshonrada.

Juramos continuar tu camino
hasta la victoria del pueblo.

XL

**PRESTES
DEL
BRASIL
(1949)**

BRASIL augusto, cuánto amor quisiera
para extenderme en tu regazo,
para envolverme en tus hojas gigantes,
en desarrollo vegetal, en vivo
detritus de esmeraldas: acecharte,
Brasil, desde los ríos
sacerdotales que te nutren,
bailar en los terrados a la luz
de la luna fluvial, y repartirme
por tus inhabitados territorios
viendo salir del barro el nacimiento
de gruesas bestias rodeadas
por metálicas aves blancas.

Cuánto recodo me darías.
Entrar de nuevo en la alfandega
salir a los barrios, oler

tu extraño rito, descender
a tus centros circulatorios,
a tu corazón generoso.

Pero no puedo.

Una vez, en Bahía, las mujeres
del barrio dolorido,
del antiguo mercado de esclavos
(donde hoy la nueva esclavitud, el hambre,
el harapo, la condición doliente,
viven como antes en la misma tierra),
me dieron unas flores y una carta,
unas palabras tiernas y unas flores.

No puedo apartar mi voz de cuanto sufre.
Sé cuánto me darían
de invisible verdad tus espaciosas
riberas naturales.
Sé que la flor secreta, la agitada
muchedumbre de mariposas,
todos los fértiles fermentos
de las vidas y de los bosques
me esperan con su teoría
de inagotables humedades,

pero no puedo, no puedo

sino arrancar de tu silencio
una vez más la voz del pueblo,
elevarla como la pluma
más fulgurante de la selva,
dejarla a mi lado y amarla
hasta que cante por mis labios.

Por eso veo a Prestes caminando
hacia la libertad, hacia las puertas
que parecen en ti, Brasil, cerradas,
clavadas al dolor, impenetrables.
Veo a Prestes, a su columna vencedora
del hambre, cruzando la selva,
hacia Bolivia, perseguida
por el tirano de ojos pálidos.
Cuando vuelve a su pueblo y toca
su campanario combatiente

lo encierran, y su compañera
entregan al pardo verdugo
de Alemania.

              (Poeta, buscas en tu libro
los antiguos dolores griegos,
los orbes encadenados
por las antiguas maldiciones,
corren tus párpados torcidos
por los tormentos inventados,
y no ves en tu propia puerta
los océanos que golpean
el oscuro pecho del pueblo.)
En el martirio nace su hija.
Pero ella desaparece
bajo el hacha, en el gas, tragada
por las ciénagas asesinas
de la Gestapo.

              Oh, tormento
del prisionero! Oh, indecibles
padecimientos separados
de nuestro herido capitán!
(Poeta, borra de tu libro
a Prometeo y su cadena.
La vieja fábula no tiene
tanta grandeza calcinada,
tanta tragedia aterradora.)

Once años guardan a Prestes
detrás de las barras de hierro,
en el silencio de la muerte,
sin atreverse a asesinarlo.

No hay noticias para su pueblo.
La tiranía borra el nombre
de Prestes en su mundo negro.

Y once años su nombre fue mudo
Vivió su nombre como un árbol
en medio de todo su pueblo,
reverenciado y esperado.

Hasta que la Libertad
llegó a buscarlo a su presidio,
y salió de nuevo a la luz,
amado, vencedor y bondadoso,
despojado de todo el odio
que echaron sobre su cabeza.

Recuerdo que en 1945
estuve con él en São Paulo.
(Frágil y firme su estructura,
pálido como el marfil

desenterrado en la cisterna,
fino como la pureza
del aire en las soledades,
puro como la grandeza
custodiada por el dolor.)
Por primera vez a su pueblo
hablaba, en Pacaembú.
El gran estadio pululaba
con cien mil corazones rojos
que esperaban verlo y tocarlo.
Llegó en una indecible
ola de canto y de ternura,
cien mil pañuelos saludaban
como un bosque su bienvenida.
Él miró con ojos profundos
a mi lado, mientras hablé.

XLI

DICHO EN
PACAEMBÚ
(Brasil, 1945)

Cuántas cosas quisiera decir hoy, brasileños,
cuántas historias, luchas, desengaños, victorias
que he llevado por años en el corazón para decirlos,
  pensamientos
y saludos. Saludos de las nieves andinas,
saludos del Océano Pacífico, palabras que me han dicho
al pasar los obreros, los mineros, los albañiles, todos
los pobladores de mi patria lejana.
Qué me dijo la nieve, la nube, la bandera?
Qué secreto me dijo el marinero?
Qué me dijo la niña pequeñita dándome unas espigas?

Un mensaje tenían: Era: Saluda a Prestes.
Búscalo, me decían, en la selva o el río.
Aparta sus prisiones, busca su celda, llama.
Y si no te permiten hablarle, míralo hasta cansarte
y cuéntanos mañana lo que has visto.

Hoy estoy orgulloso de verlo rodeado
de un mar de corazones victoriosos.

Voy a decirle a Chile: Lo saludé en el aire
de las banderas libres de su pueblo.

Yo recuerdo en París, hace años, una noche
hablé a la multitud, vine a pedir ayuda,
para España Republicana, para el pueblo en su lucha.
España estaba llena de ruinas y de gloria.
Los franceses oían mi llamado en silencio.
Les pedí ayuda en nombre de todo lo que existe
y les dije: Los nuevos héroes, los que en España
       luchan, mueren.

Modesto, Líster, Pasionaria, Lorca,
son hijos de los héroes de América, son hermanos
de Bolívar, de O'Higgins, de San Martín, de Prestes.
Y cuando dije el nombre de Prestes fue como un
      rumor inmenso
en el aire de Francia: París lo saludaba.
Viejos obreros con los ojos húmedos
miraban hacia el fondo del Brasil y hacia España.

Os voy a contar aún otra pequeña historia.

Junto a las grandes minas del carbón, que avanzan
      bajo el mar
en Chile, en el frío puerto de Talcahuano,
llegó una vez, hace tiempo, un carguero soviético.
(Chile no establecía aún relaciones
con la Unión de Repúblicas Socialistas Soviéticas.
Por eso la policía estúpida
prohibió bajar a los marinos rusos,
subir a los chilenos.)
Cuando llegó la noche
vinieron por millares los mineros, desde las grandes
      minas,
hombres, mujeres, niños, y desde las colinas
con sus pequeñas lámparas mineras,
toda la noche hicieron señales encendiendo y apagando
hacia el barco que venía de los puertos soviéticos.

Aquella noche oscura tuvo estrellas:
las estrellas humanas, las lámparas del pueblo.

Hoy también desde todos los rincones
de nuestra América, desde México libre, desde el Perú
      sediento,

desde Cuba, desde Argentina populosa,
desde Uruguay, refugio de hermanos asilados,
el pueblo te saluda, Prestes, con sus pequeñas
     lámparas
en que brillan las altas esperanzas del hombre.
Por eso me mandaron por el aire de América,
para que te mirara y les contara luego
cómo eras, qué decía su capitán callado
por tantos años duros de soledad y sombra.

Voy a decirles que no guardas odio.
Que sólo quieres que tu patria viva.
Y que la libertad crezca en el fondo
del Brasil como un árbol eterno.

Yo quisiera contarte, Brasil, muchas cosas calladas,
llevadas estos años entre la piel y el alma,
sangre, dolores, triunfos, lo que deben decirse
los poetas y el pueblo: será otra vez, un día.

Hoy pido un gran silencio de volcanes y ríos.

Un gran silencio pido de tierras y varones.

Pido silencio a América de la nieve a la pampa.

Silencio: La palabra al Capitán del Pueblo.

Silencio: Que el Brasil hablará por su boca.

XLII

DE NUEVO
LOS
TIRANOS

Hoy de nuevo la cacería
se extiende por el Brasil,
lo busca la fría codicia
de los mercaderes de esclavos:
en Wall Street decretaron
a sus satélites porcinos
que enterraran sus colmillos
en las heridas del pueblo,
y comenzó la cacería
en Chile, en Brasil, en todas

nuestras Américas arrasadas
por mercaderes y verdugos.

Mi pueblo escondió mi camino,
cubrió mis versos con sus manos,
me preservó de la muerte,
y en Brasil la puerta infinita
del pueblo cierra los caminos
en donde Prestes otra vez
rechaza de nuevo al malvado.

Brasil, que te sea salvado
tu capitán doloroso,
Brasil, que no tengas mañana
que recoger de su recuerdo
brizna por brizna su efigie
para elevarla en piedra austera,
sin haberlo dejado en medio
de tu corazón disfrutar
la libertad que aún, aún
puede conquistarte, Brasil.

XLIII

LLEGARÁ LIBERTADORES, en este crepúsculo
EL DÍA de América, en la despoblada
oscuridad de la mañana,
os entrego la hoja infinita
de mis pueblos, el regocijo
de cada hora de la lucha.

Húsares azules, caídos
en la profundidad del tiempo,
soldados en cuyas banderas
recién bordadas ' amanece,
soldados de hoy, comunistas,
combatientes herederos
de los torrentes metalúrgicos,
escuchad mi voz nacida
en los glaciares, elevada
a la hoguera de cada día
por simple deber amoroso:
somos la misma tierra, el mismo

pueblo perseguido,
la misma lucha ciñe la cintura
de nuestra América:

                Habéis visto
por las tardes la cueva sombría
del hermano?

                Habéis traspasado
su tenebrosa vida?

                El corazón disperso
del pueblo abandonado y sumergido!

Alguien que recibió la paz del héroe
la guardó en su bodega, alguien robó los frutos
de la cosecha ensangrentada
y dividió la geografía
estableciendo márgenes hostiles,
zonas de desolada sombra ciega.

Recoged de las tierras el confuso
latido del dolor, las soledades,
el trigo de los suelos desgranados:
algo germina bajo las banderas:
la voz antigua nos llama de nuevo.

Bajad a las raíces minerales,
y a las alturas del metal desierto,
tocad la lucha del hombre en la tierra,
a través del martirio que maltrata
las manos destinadas a la luz.

No renunciéis al día que os entregan
los muertos que lucharon. Cada espiga
nace de un grano entregado a la tierra,
y como el trigo, el pueblo innumerable
junta raíces, acumula espigas,
y en la tormenta desencadenada
sube a la claridad del universo.

V

La arena
TRAICIONADA

Tal vez, tal vez el olvido sobre la tierra como
      una capa
puede desarrollar el crecimiento y alimentar la vida
(puede ser), como el humus sombrío en el bosque.

Tal vez, tal vez el hombre como un herrero acude
a la brasa, a los golpes del hierro sobre el hierro,
sin entrar en las ciegas ciudades del carbón,
sin cerrar la mirada, precipitarse abajo
en hundimientos, aguas, minerales, catástrofes.
Tal vez, pero mi plato es otro, mi alimento es distinto:
mis ojos no vinieron para morder olvido:
mis labios se abren sobre todo el tiempo, y todo el
      tiempo,
no sólo una parte del tiempo ha gastado mis manos.

Por eso te hablaré de estos dolores que quisiera
      apartar,
te obligaré a vivir una vez más entre sus quemaduras,
no para detenernos como en una estación, al partir,
ni tampoco para golpear con la frente la tierra,
ni para llenarnos el corazón con agua salada,
sino para caminar conociendo, para tocar la rectitud
con decisiones infinitamente cargadas de sentido,
para que la severidad sea una condición de la alegría,
      para
que así seamos invencibles.

LOS
VERDUGOS
Sauria, escamosa América enrollada
al crecimiento vegetal, al mástil
erigido en la ciénaga:
amamantaste hijos terribles
con venenosa leche de serpiente,
tórridas cunas incubaron
y cubrieron con barro amarillo
una progenie encarnizada.
El gato y la escorpiona fornicaron
en la patria selvática.

Huyó la luz de rama en rama,
pero no despertó el dormido.

Olía a caña la frazada,
habían rodado los machetes
al más huraño sitio de la siesta,
y en el penacho enrarecido
de las cantinas escupía
su independencia jactanciosa
el jornalero sin zapatos.

EL DOCTOR
FRANCIA
El Paraná en las zonas marañosas,
húmedas, palpitantes de otros ríos
donde la red del agua, Yabebirí,
Acaray, Igurey, joyas gemelas
teñidas de quebracho, rodeadas
por las espesas copas del copal,
transcurre hacia las sábanas atlánticas
arrastrando el delirio
del nazaret morado, las raíces
del curupay en su sueño arenoso.

Del légamo caliente, de los tronos
del yacaré devorador, en medio
de la pestilencia silvestre
cruzó el doctor Rodríguez de Francia

hacia el sillón del Paraguay.
Y vivió entre los rosetones
de rosada mampostería
como una estatua sórdida y cesárea
cubierta por los velos de la araña sombría.

Solitaria grandeza en el salón
lleno de espejos, espantajo
negro sobre felpa roja
y ratas asustadas en la noche.
Falsa columna, perversa
academia, agnosticismo
de rey leproso, rodeado
por la extensión de los yerbales
bebiendo números platónicos
en la horca del ajusticiado,
contando triángulos de estrellas,
midiendo claves estelares,
acechando el anaranjado
atardecer del Paraguay
con un reloj en la agonía
del fusilado en su ventana,
con una mano en el cerrojo
del crepúsculo maniatado.

Los estudios sobre la mesa,
los ojos en el acicate
del firmamento, en los volcados
cristales de la geometría,
mientras la sangre intestinal
del hombre muerto a culatazos
bajaba por los escalones
chupada por verdes enjambres
de moscas que centelleaban.

Cerró el Paraguay como un nido
de su majestad, amarró
tortura y barro a las fronteras.
Cuando en las calles su silueta
pasa, los indios se colocan
con la mirada hacia los muros:
su sombra resbala dejando
dos paredes de escalofríos.

Cuando la muerte llega a ver
al doctor Francia, está mudo,

inmóvil, atado en sí mismo,
solo en su cueva, detenido
por las sogas de la parálisis,
y muere solo, sin que nadie
entre en la cámara: nadie se atreve
a tocar la puerta del amo.

Y amarrado por sus serpientes,
deslenguado, hervido en su médula,
agoniza y muere perdido
en la soledad del palacio,
mientras la noche establecida
como una cátedra, devora
los capiteles miserables
salpicados por el martirio.

ROSAS
(1829-1849)

Es tan difícil ver a través de la tierra
(no del tiempo, que eleva su copa transparente
iluminando el alto resumen del rocío),
pero la tierra espesa de harinas y rencores,
bodega endurecida con muertos y metales,
no me deja mirar hacia abajo, en el fondo
donde la entrecruzada soledad me rechaza.

Pero hablaré con ellos, los míos, los que un día
a mi bandera huyeron, cuando era la pureza
estrella de cristal en su tejido.

Sarmiento, Alberdi, Oro, del Carril:
mi patria pura, después mancillada,
guardó para vosotros
la luz de su metálica angostura
y entre pobres y agrícolas adobes
los desterrados pensamientos
fueron hilándose con dura minería,
y aguijones de azúcar viñatera.

Chile los repartió en su fortaleza,
les dio la sal de su ruedo marino,
y esparció las simientes desterradas.

Mientras tanto el galope en la llanura.
La argolla se partió sobre las hebras
de la cabellera celeste,
y la pampa mordió las herraduras
de las bestias mojadas y frenéticas.

Puñales, carcajadas de mazorca
sobre el martirio. Luna coronada
de río a río sobre la blancura
con un penacho de sombra indecible!

Argentina robada a culatazos
en el vapor del alba, castigada
hasta sangrar y enloquecer, vacía,
cabalgada por agrios capataces!

Te hiciste procesión de viñas rojas,
fuiste una máscara, un temblor sellado,
y te substituyeron en el aire
por una mano trágica de cera.
Salió de ti una noche, corredores,
losas de piedra ennegrecida, escaleras
donde se hundió el sonido, encrucijadas
de carnaval, con muertos y bufones,
y un silencio de párpado que cae
sobre todos los ojos de la noche.

Dónde huyeron tus trigos espumosos?
Tu apostura frutal, tu extensa boca,
todo lo que se mueve por tus cuerdas
para cantar, tu cuero trepidante
de gran tambor, de estrella sin medida,
enmudecieron bajo la implacable
soledad de la cúpula encerrada.

Planeta, latitud, claridad poderosa,
en tu borde, en la cinta de nieve compartida
se recogió el silencio nocturno que llegaba
montado sobre un mar vertiginoso,
y ola tras ola el agua desnuda, relataba,
el viento gris temblando desataba su arena,
la noche nos hería con su llanto estepario.

Pero el pueblo y el trigo se amasaron: entonces
se alisó la cabeza terrenal, se peinaron
las hebras enterradas de la luz, la agonía
probó las puertas libres, destrozadas del viento,
y de las polvaredas en el camino, una
a una, dignidades sumergidas, escuelas,
inteligencias, rostros en el polvo ascendieron
hasta hacerse unidades estrelladas,
estatuas de la luz, puras praderas.

Dispara Tunguragua aceite rojo,
Sangay sobre la nieve
derrama miel ardiendo,
Imbabura de tus cimeras
iglesias nevadas arroja
peces y plantas, ramas duras
del infinito inaccesible,
y hacia los páramos, cobriza
luna, edificación crepitante,
deja caer tus cicatrices
como venas sobre Antisana,
en la arrugada soledad
de Pumachaca, en la sulfúrica
solemnidad de Pambamarca,
volcán y luna, frío y cuarzo,
llamas glaciales, movimiento
de catástrofes, vaporoso
y huracanado patrimonio.

Ecuador, Ecuador, cola violeta
de un astro ausente, en la irisada
muchedumbre de pueblos que te cubren
con infinita piel de frutería,
ronda la muerte con su embudo,
arde la fiebre en los poblados pobres,
el hambre es un arado
de ásperas púas en la tierra,
y la misericordia te golpea
el pecho con sayales y conventos,
como una enfermedad humedecida
en las fermentaciones de las lágrimas.

GARCÍA
MORENO
De allí salió el tirano.
García Moreno es su nombre.
Chacal enguantado, paciente
murciélago de sacristía,
recoge ceniza y tormento
en su sombrero de seda
y hunde las uñas en la sangre
de los ríos ecuatoriales.

Con los pequeños pies metidos
en escarpines charolados,
santiguándose y encerándose
en las alfombras del altar,
con los faldones sumergidos

en las aguas procesionales,
baila en el crimen arrastrando
cadáveres recién fusilados,
desgarra el pecho de los muertos,
pasea sus huesos volando
sobre los féretros, vestido
con plumas de paño agorero.

En los pueblos indios, la sangre
cae sin dirección, hay miedo
en todas las calles y sombras
(bajo las campanas hay miedo
que suena y sale hacia la noche),
y pesan sobre Quito las gruesas
paredes de los monasterios,
rectas, inmóviles, selladas.

Todo duerme con los florones
de oro oxidado en las cornisas,
los ángeles duermen colgados
en sus perchas sacramentales,
todo duerme como una tela
de sacerdocio, todo sufre
bajo la noche membranosa.

Pero no duerme la crueldad.
La crueldad de bigotes blancos
pasea con guantes y garras
y clava oscuros corazones
sobre la verja del dominio.
Hasta que un día entra la luz
como un puñal en el palacio
y abre el chaleco hundiendo un rayo
en la pechera inmaculada.

Así salió García Moreno
del palacio una vez más, volando
a inspeccionar las sepulturas,
empeñosamente mortuorio,
pero esta vez rodó hasta el fondo
de las masacres, retenido,
entre las víctimas sin nombre,
a la humedad del pudridero.

LOS
BRUJOS DE
AMÉRICA

Centro América hollada por los búhos,
engrasada por ácidos sudores,
antes de entrar en tu jazmín quemado
considérame fibra de tu nave,
ala de tu madera combatida
por la espuma gemela,
y lléname de arrobador aroma
polen y pluma de tu copa,
márgenes germinales de tus aguas,
líneas rizadas de tu nido.
Pero los brujos matan los metales
de la resurrección, cierran las puertas
y entenebrecen la morada
de las aves deslumbradoras.

ESTRADA

Viene tal vez Estrada, chiquito,
en su chaqué de antiguo enano
y entre una tos y otra los muros
de Guatemala fermentan
regados incesantemente
por los orines y las lágrimas.

UBICO

O es Ubico por los senderos,
atravesando los presidios
en motocicleta, frío
como una piedra, mascarón
de la jerarquía del miedo.

GÓMEZ

Gómez, tembladeral de Venezuela,
sumerge lentamente rostros,
inteligencias, en su cráter.
El hombre cae de noche en él
moviendo los brazos, tapándose
el rostro de los golpes crueles,
y se lo tragan cenagales,
se hunde en bodegas subterráneas,
aparece en las carreteras
cavando cargado de hierro,
hasta morir despedazado,
desaparecido, perdido.

MACHADO   Machado en Cuba arreó su Isla
con máquinas, importó tormentos
hechos en Estados Unidos,
silbaron las ametralladoras
derribando la florescencia.
el néctar marino de Cuba,
y el estudiante apenas herido
era tirado al agua donde
los tiburones terminaban
la obra del benemérito.
Hasta México llegó la mano
del asesino, y rodó Mella
como un discóbolo sangrante
sobre la calle criminal
mientras la Isla ardía, azul,
empapelada en lotería,
hipotecada con azúcar.

MELGAREJO   Bolivia muere en sus paredes
como una flor enrarecida:
se encaraman en sus monturas
los generales derrotados
y rompen cielos a pistolazos.
Máscara de Melgarejo,
bestia borracha, espumarajo
de minerales traicionados,
barba de infamia, barba horrenda
sobre los montes rencorosos,
barba arrastrada en el delirio,
barba cargada de coágulos,
barba hallada en las pesadillas
de la gangrena, barba errante
galopada por los potreros,
amancebada en los salones,
mientras el indio y su carga cruzan
la última sábana de oxígeno
trotando por los corredores
desangrados de la pobreza.

BOLIVIA   Belzu ha triunfado. Es de noche. La Paz arde
(22 de marzo con los últimos tiros. Polvo seco
de 1865)   y baile triste hacia la altura
suben trenzados con alcohol lunario
y horrenda púrpura recién mojada.
Melgarejo ha caído, su cabeza

golpea contra el filo mineral
de la cima sangrienta, los cordones
de oro, la casaca
tejida de oro, la camisa
rota empapada de sudor maligno,
yacen junto al detritus del caballo
y a los sesos del nuevo fusilado.
Belzu en Palacio, entre los guantes
y las levitas, recibe sonrisas,
se reparte el dominio del oscuro
pueblo en la altura alcoholizada,
los nuevos favoritos se deslizan
por los salones encerados
y las luces de lágrimas y lámparas
caen al terciopelo despeinado
por unos cuantos fogonazos.

Entre la muchedumbre
va Melgarejo, tempestuoso espectro
apenas sostenido por la furia.
Escucha el ámbito que fuera suyo,
la masa ensordecida, el grito
despedazado, el fuego de la hoguera
alto sobre los montes, la ventana
del nuevo vencedor.
                          Su vida (trozo
de fuerza ciega y ópera desatada
sobre los cráteres y las mesetas,
sueño de regimiento, en que los trajes
se vierten sobre tierras indefensas
con sables de cartón, pero hay heridas
que mancillan, con muerte verdadera
y degollados, las plazas rurales,
dejando tras el coro enmascarado
y los discursos del Eminentísimo,
estiércol de caballos, seda, sangre
y los muertos de turno, rotos, rígidos
atravesados por el atronante
disparo de los rápidos rifleros)
ha caído en lo más hondo del polvo,
de lo desestimado y lo vacío,
de una tal vez muerte inundada
de humillación, pero de la derrota
como un toro imperial saca las fauces,
escarba las metálicas arenas
y empuja el bestial paso vacilante
el minotauro boliviano andando

hacia las salas de oro clamoroso.
Entre la multitud cruza cortando
masa sin nombre, escala
pesadamente el trono enajenado,
y al vencedor caudillo asalta. Rueda
Belzu, manchado el almidón, roto el cristal
que cae derramando su luz líquida
agujereado el pecho para siempre,
mientras el asaltante solitario
búfalo ensangrentado del incendio
sobre el balcón apoya su estatura,
gritando: "Ha muerto Belzu", "Quién vive",
"Responded". Y de la plaza,
ronco un grito de tierra, un grito negro
de pánico y horror, responde: "Viva,
sí, Melgarejo, viva Melgarejo",
la misma multitud del muerto, aquella
que festejó el cadáver desangrándose
en la escalera del palacio: "Viva",
grita el fantoche colosal, que cubre
todo el balcón con traje desgarrado,
barro de campamento y sangre sucia.

MARTÍNEZ   Martínez el curandero
(1932)   de El Salvador reparte frascos
de remedios multicolores,
que los ministros agradecen
con prosternación y zalemas.
El brujito vegetariano
vive recetando en palacio
mientras el hambre tormentosa
aúlla en los cañaverales.
Martínez entonces decreta:
y en unos días veinte mil
campesinos asesinados
se pudren en las aldeas
que Martínez manda incendiar
con ordenanzas de higiene.
De nuevo en Palacio retorna
a sus jarabes, y recibe
las rápidas felicitaciones
del Embajador norteamericano.
"Está asegurada —le dice—
la cultura occidental,
el cristianismo de occidente
y además los buenos negocios,

las concesiones de bananas
y los controles aduaneros."

Y beben juntos una larga
copa de champagne, mientras cae
la lluvia caliente en las pútridas
agrupaciones del osario.

LAS SATRAPÍAS

Trujillo, Somoza, Carías,
hasta hoy, hasta este amargo
mes de septiembre
del año 1948,
con Moriñigo (o Natalicio)
en Paraguay, hienas voraces
de nuestra historia, roedores
de las banderas conquistadas
con tanta sangre y tanto fuego,
encharcados en sus haciendas,
depredadores infernales,
sátrapas mil veces vendidos
y vendedores, azuzados
por los lobos de Nueva York.
Máquinas hambrientas de dólares,
manchadas en el sacrificio
de sus pueblos martirizados,
prostituidos mercaderes
del pan y el aire americanos,
cenagales verdugos, piara
de prostibularios caciques,
sin otra ley que la tortura
y el hambre azotada del pueblo.

Doctores "honoris causa"
de Columbia University,
con la toga sobre las fauces
y sobre el cuchillo, feroces
trashumantes del Waldorf Astoria
y de las cámaras malditas
donde se pudren las edades
eternas del encarcelado.
Pequeños buitres recibidos
por Mr. Truman, recargados
de relojes, condecorados
por "Loyalty", desangradores
de patrias, sólo hay uno

peor que vosotros, sólo hay uno
y ése lo dio mi patria un día
para desdicha de mi pueblo.

II

LAS OLI-
GARQUÍAS

No, aún no secaban las banderas,
aún no dormían los soldados
cuando la libertad cambió de traje,
se transformó en hacienda:
de las tierras recién sembradas
salió una casta, una cuadrilla
de nuevos ricos con escudo,
con policía y con prisiones.

Hicieron una línea negra:
"Aquí nosotros, porfiristas
de México, 'caballeros'
de Chile, pitucos
del Jockey Club de Buenos Aires,
engomados filibusteros
del Uruguay, pisaverdes
ecuatorianos, clericales
señoritos de todas partes."

"Allá vosotros, rotos, cholos,
pelados de México, gauchos,
amontonados en pocilgas,
desamparados, andrajosos,
piojentos, pililos, canalla,
desbaratados, miserables,
sucios, perezosos, pueblo."

Todo se edificó sobre la línea.
El Arzobispo bautizó este muro
y estableció anatemas incendiarios
sobre el rebelde que desconociera
la pared de la casta.
Quemaron por la mano del verdugo
los libros de Bilbao.
                El policía
custodió la muralla, y al hambriento
que se acercó a los mármoles sagrados

le dieron con un palo en la cabeza
o lo enchufaron en un cepo agrícola
o a puntapiés lo nombraron soldado.

Se sintieron tranquilos y seguros.
El pueblo fue por calles y campiñas
a vivir hacinado, sin ventanas,
sin suelo, sin camisa,
sin escuela, sin pan.

Anda por nuestra América un fantasma
nutrido de detritus, iletrado,
errante, igual en nuestras latitudes,
saliendo de las cárceles fangosas,
arrabalero y prófugo, marcado
por el temible compatriota lleno
de trajes, órdenes y corbatines.

En México produjeron pulque
para él, en Chile
vino litriado de color violeta,
lo envenenaron, le rasparon
el alma pedacito a pedacito,
le negaron el libro y la luz,
hasta que fue cayendo en polvo,
hundido en el desván tuberculoso,
y entonces no tuvo entierro
litúrgico: su ceremonia
fue meterlo desnudo entre otras
carroñas que no tienen nombre.

PROMULGA-
CIÓN DE LA
LEY DEL
EMBUDO Ellos se declararon patriotas.
En los clubs se condecoraron
y fueron escribiendo la historia.
Los Parlamentos se llenaron
de pompa, se repartieron
después la tierra, la ley,
las mejores calles, el aire,
la Universidad, los zapatos.

Su extraordinaria iniciativa
fue el Estado erigido en esa
forma, la rígida impostura.
Lo debatieron, como siempre,
con solemnidad y banquetes,

primero en círculos agrícolas,
con militares y abogados.
Y al fin llevaron al Congreso
la Ley suprema, la famosa,
la respetada, la intocable
Ley del Embudo.

                    Fue aprobada.

Para el rico la buena mesa.

La basura para los pobres.

El dinero para los ricos.

Para los pobres el trabajo.

Para los ricos la casa grande.

El tugurio para los pobres.

El fuero para el gran ladrón.

La cárcel al que roba un pan.

París, París para los señoritos.

El pobre a la mina, al desierto.

El señor Rodríguez de la Crota
habló en el Senado con voz
meliflua y elegante.
                "Esta ley, al fin, establece
la jerarquía obligatoria
y sobre todo los principios
de la cristiandad.
                    Era
tan necesaria como el agua.
Sólo los comunistas, venidos
del infierno, como se sabe,
pueden discutir este código
del Embudo, sabio y severo.
Pero esta oposición asiática,
venida del sub-hombre, es sencillo
refrenarla: a la cárcel todos,
al campo de concentración,

así quedaremos sólo
los caballeros distinguidos
y los amables yanaconas
del Partido Radical."

Estallaron los aplausos
de los bancos aristocráticos:
qué elocuencia, qué espiritual,
qué filósofo, qué lumbrera!
Y corrió cada uno a llenarse
los bolsillos en su negocio,
uno acaparando la leche,
otro estafando en el alambre,
otro robando en el azúcar
y todos llamándose a voces
patriotas, con el monopolio
del patriotismo, consultado
también en la Ley del Embudo.

ELECCIÓN EN
CHIMBA-
RONGO
(1947)

En Chimbarongo, en Chile, hace tiempo
fui a una elección senatorial.
Vi cómo eran elegidos
los pedestales de la patria.
A las once de la mañana
llegaron del campo las carretas
atiborradas de inquilinos.
Era en invierno, mojados,
sucios, hambrientos, descalzos,
los siervos de Chimbarongo
descienden de las carretas.
Torvos, tostados, harapientos,
son apiñados, conducidos
con una boleta en la mano,
vigilados y apretujados
vuelven a cobrar la paga,
y otra vez hacia las carretas
enfilados como caballos
los han conducido.   Más tarde
les han tirado carne y vino
hasta dejarlos bestialmente
envilecidos y olvidados.
Escuché más tarde el discurso,
del senador así elegido:
"Nosotros, patriotas cristianos,
nosotros, defensores del orden,
nosotros, hijos del espíritu."

Y estremecía su barriga
su voz de vaca aguardentosa
que parecía tropezar
como una trompa de mamuth
en las bóvedas tenebrosas
de la silbante prehistoria.

LA CREMA Grotescos, falsos aristócratas
de nuestra América, mamíferos
recién estucados, jóvenes
estériles, pollinos sesudos,
hacendados malignos, héroes
de la borrachera en el Club,
salteadores de banca y bolsa,
pijes, granfinos, pitucos,
apuestos tigres de Embajada,
pálidas niñas principales,
flores carnívoras, cultivos
de las cavernas perfumadas,
enredaderas chupadoras
de sangre, estiércol y sudor,
lianas estranguladoras,
cadenas de boas feudales.

Mientras temblaban las praderas
con el galope de Bolívar,
o de O'Higgins (soldados pobres,
pueblo azotado, héroes descalzos),
vosotros formasteis las filas
del rey, del pozo clerical,
de la traición a las banderas,
pero cuando el viento arrogante
del pueblo, agitando sus lanzas,
nos dejó la patria en los brazos,
surgisteis alambrando tierras,
midiendo cercas, hacinando
áreas y seres, repartiendo
la policía y los estancos.

El pueblo volvió de las guerras,
se hundió en las minas, en la oscura
profundidad de los corrales,
cayó en los surcos pedregosos,
movió las fábricas grasientas,
procreando en los conventillos,

en las habitaciones repletas
con otros seres desdichados.

Naufragó en vino hasta perderse,
abandonado, invadido
por un ejército de piojos
y de vampiros, rodeado
de muros y comisarías,
sin pan, sin música, cayendo
en la soledad desquiciada
donde Orfeo le deja apenas
una guitarra para su alma,
una guitarra que se cubre
de cintas y desgarraduras
y canta encima de los pueblos
como el ave de la pobreza.

LOS
POETAS
CELESTES
Qué hicisteis vosotros gidistas,
intelectualistas, rilkistas,
misterizantes, falsos brujos
existenciales, amapolas
surrealistas encendidas
en una tumba, europeizados
cadáveres de la moda,
pálidas lombrices del queso
capitalista, qué hicisteis
ante el reinado de la angustia,
fren*, a este oscuro ser humano,
a   la pateada compostura,
     sta cabeza sumergida
     . el estiércol, a esta esencia
ᴄe ásperas vidas pisoteadas?

No hicisteis nada sino la fuga:
vendisteis hacinado detritus,
buscasteis cabellos celestes,
plantas cobardes, uñas rotas,
"Belleza pura", "sortilegio",
obra de pobres asustados
para evadir los ojos, para
enmarañar las delicadas
pupilas, para subsistir
con el plato de restos sucios
que os arrojaron los señores,
sin ver la piedra en agonía,

sin defender, sin conquistar,
más ciegos que las coronas
del cementerio, cuando cae
la lluvia sobre las inmóviles
flores podridas de las tumbas.

LOS EXPLO-
TADORES

Así fue devorada,
negada, sometida, arañada, robada,
joven América, tu vida.

De los despeñaderos de la cólera
donde el caudillo pisoteó cenizas
y sonrisas recién tumbadas,
hasta las máscaras patriarcales
de los bigotudos señores
que presidieron la mesa dando
la bendición a los presentes,
y ocultando los verdaderos
rostros de oscura saciedad,
de concupiscencia sombría
y cavidades codiciosas:
fauna de fríos mordedores
de la ciudad, tigres terribles,
comedores de carne humana,
expertos en la cacería
del pueblo hundido en las tinieblas,
desamparado en los rincones,
en los sótanos de la tierra.

LOS
SIÚTICOS

Entre la miasma ganadera
o papelera, o cocktelera
vivió el producto azul, el pétalo
de la podredumbre altanera.

Fue el "siútico" de Chile, el Raúl
Aldunatillo (conquistador
de revistas con manos ajenas,
con manos que mataron indios),
el Teniente cursi, el Mayor
Negocio, el que compra letras
y se estima letrado, compra
sable y se cree soldado,
pero no puede comprar pureza
y escupe entonces como víbora.

Pobre América revendida
en los mercados de la sangre,
por los mugrones enterrados
que resurgen en el salón
de Santiago, de Minas Geraes
haciendo "elegancia", caninos
caballeretes de "boudoir",
pecheras inútiles, palos
del golf de la sepultura.
Pobre América, enmascarada
por elegantes transitorios,
falsificadores de rostros,
mientras, abajo, el viento negro
hiere el corazón derribado
y rueda el héroe del carbón
hacia el osario de los pobres,
barrido por la pestilencia,
cubierto por la oscuridad,
dejando siete hijos hambrientos
que arrojarán a los caminos.

LOS VALIDOS   En el espeso queso cárdeno
de la tiranía amanece
otro gusano: el favorito.

Es el cobardón arrendado
para alabar las manos sucias.
Es orador o periodista.
Despierta de pronto en palacio,
y mastica con entusiasmo
las deyecciones del soberano,
elucubrando largamente
sobre sus gestos, enturbiando
el agua y pescando sus peces
en la laguna purulenta.
Llamémoslo Darío Poblete,
o Jorge Delano "Coke."
(Es igual, podría llamarse
de otra manera, existió cuando
Machado calumniaba a Mella,
después de haberlo asesinado.)

Allí Poblete hubiera escrito
sobre los "Viles enemigos"
del "Pericles de La Habana."

Más tarde Poblete besaba
las herraduras de Trujillo,
la montura de Moríñigo,
el ano de Gabriel González.

Fue ayer igual, recién salido
de la montonera, alquilado
para mentir, para ocultar
ejecuciones y saqueos,
que hoy, levantando su cobarde
pluma sobre los tormentos
de Pisagua, sobre el dolor
de miles de hombres y mujeres.

Siempre el tirano en nuestra negra
geografía martirizada
halló un bachiller cenagoso
que repartiera la mentira
y que dijera: *El Serenísimo,
el Constructor, el Gran Repúblico
que nos gobierna*, y deslizara
entre la tinta emputecida
sus garras negras de ladrón.
Cuando el queso está consumido
y el tirano cae al infierno,
el Poblete desaparece,
el Delano "Coke" se esfuma,
el gusano vuelve al estiércol,
esperando la rueda infame
que aleja y trae tiranías,
para aparecer sonriente
con un nuevo discurso escrito
para el déspota que despunta.

Por eso, pueblo, antes que a nadie,
busca al gusano, rompe su alma
y que su líquido aplastado,
su oscura materia viscosa
sea la última escritura,
la despedida de una tinta
que borraremos de la tierra.

Infierno americano, pan nuestro
empapado en veneno, hay otra
lengua en tu pérfida fogata:
es el abogado criollo
de la compañía extranjera.

Es el que remacha los grillos
de la esclavitud en su patria,
y desdeñoso se pasea
con la casta de los gerentes
mirando con aire supremo
nuestras banderas harapientas.

Cuando llegan de Nueva York
las avanzadas imperiales,
ingenieros, calculadores,
agrimensores, expertos,
y miden tierra conquistada,
estaño, petróleo, bananas,
nitrato, cobre, manganeso,
azúcar, hierro, caucho, tierra,
se adelanta un enano oscuro,
con una sonrisa amarilla,
y aconseja, con suavidad, ·
a los invasores recientes:

No es necesario pagar tanto
a estos nativos, sería
torpe, señores, elevar
estos salarios. No conviene.
Estos rotos, estos cholitos
no sabrían sino embriagarse
con tanta plata. No, por Dios.
Son primitivos, poco más
que bestias, los conozco mucho.
No vayan a pagarles tanto.

Es adoptado. Le ponen
librea. Viste de gringo,
escupe como gringo. Baila
como gringo, y sube.

Tiene automóvil, whisky, prensa,
lo eligen juez y diputado,
lo condecoran, es Ministro,
y es escuchado en el Gobierno.

Él sabe quién es sobornable.
Él sabe quién es sobornado.
Él lame, unta, condecora,
halaga, sonríe, amenaza.
Y así vacían por los puertos
las repúblicas desangradas.

Dónde habita, preguntaréis,
este virus, este abogado,
este fermento del detritus,
este duro piojo sanguíneo,
engordado con nuestra sangre?
Habita las bajas regiones
ecuatoriales, el Brasil,
pero también es su morada
el cinturón central de América.

Lo encontraréis en la escarpada
altura de Chuquicamata.
Donde huele riqueza sube
los montes, cruza los abismos,
con las recetas de su código
para robar la tierra nuestra.
Lo hallaréis en Puerto Limón,
en Ciudad Trujillo, en Iquique,
en Caracas, en Maracaibo,
en Antofagasta, en Honduras,
encarcelando a nuestro hermano,
acusando a su compatriota,
despojando peones, abriendo
puertas de jueces y hacendados,
comprando prensa, dirigiendo
la policía, el palo, el rifle
contra su familia olvidada.

Pavoneándose, vestido
de smoking, en las recepciones,
inaugurando monumentos
con esta frase: *Señores,*

la Patria antes que la vida,

es nuestra madre, es nuestro sueío,

defendamos el orden, hagamos

nuevos presidios, otras cárceles.

Y muere glorioso, "el patriota"
senador, patricio, eminente,
condecorado por el Papa,
ilustre, próspero, temido,
mientras la trágica ralea
de nuestros muertos, los que hudieron
la mano en el cobre, arañaron
la tierra profunda y severa,
mueren golpeados y olvidados,
apresuradamente puestos
en sus cajones funerales:
un nombre, un número en la cruz
que el viento sacude, matando
hasta la cifra de los héroes.

DIPLOMATI-
COS (1948)

Si usted nace tonto en Rumania
sigue la carrera de tonto,
si usted es tonto en Avignon
su calidad es conocida
por las viejas piedras de Francia,
por las escuelas y los chicos
irrespetuosos de las granjas.
Pero si usted nace tonto en Chile
pronto lo harán Embajador.

Llámese usted tonto Mengano,
tonto Joaquín Fernández, tonto
Fulano de Tal, si es posible
tenga una barba acrisolada.
Es todo cuanto se le exige
para "entablar negociaciones".

Informará después, sabihondo,
sobre su espectacular
presentación de credenciales,
diciendo: *Etc., la carroza,*
etc., Su Excelencia, etc.,
frases, etc., benévolas.

Tome una voz ahuecada
tono de vaca protectiva,
condecórese mutuamente
con el enviado de Trujillo,
mantenga discretamente
una "garçonnière" ("Usted sabe,

las conveniencias de estas cosas
para los Tratados de Límites"),
remita en algo disfrazado
el editorial del periódico
doctoral, que desayunando
leyó anteayer: es un "informe".

Júntese con lo "granado"
de la "sociedad", con los tontos
de aquel país, adquiera cuanta
platería pueda comprar,
hable en los aniversarios
junto a los caballos de bronce,
diciendo: *Ejem, los vínculos,
etc., ejem, etc.,
ejem, los descendientes,
etc., la raza, ejem, el puro,
el sacrosanto, ejem, etc.*
Y quédese tranquilo, tranquilo:
es usted un buen diplomático
de Chile, es usted un tonto
condecorado y prodigioso.

LOS
BURDELES

De la prosperidad nació el burdel,
acompañando el estandarte
de los billetes hacinados:
sentina respetada
del capital, bodega de la nave
de mi tiempo.
                    Fueron mecanizados
burdeles en la cabellera
de Buenos Aires, carne fresca
exportada por el infortunio
de las ciudades y los campos
remotos, en donde el dinero
acechó los pasos del cántaro
y aprisionó la enredadera.
Rurales lenocinios, de noche,
en invierno, con los caballos
a la puerta de las aldeas
y las muchachas atolondradas
que cayeron de venta en venta
en la mano de los magnates.
Lentos prostíbulos provinciales
en que los hacendados del pueblo
—dictadores de la vendimia—

176

aturden la noche venérea
con espantosos estertores.
Por los rincones, escondidas,
grey de rameras, inconstantes
fantasmas, pasajeras
del tren mortal, ya os tomaron,
ya estáis en la red mancillada,
ya no podéis volver al mar,
ya os acecharon y cazaron,
ya estáis muertas en el vacío
de lo más vivo de la vida,
ya podéis deslizar la sombra
por las paredes: a ninguna
otra parte sino a la muerte
van estos muros por la tierra.

PROCESIÓN **Eran muchos, llevaban el ídolo**
EN LIMA **sobre los hombros, era espesa**
(1947) **la cola de la muchedumbre**
como una salida del mar
con morada fosforescencia.

Saltaban bailando, elevando
graves murmullos masticados
que se unían a la fritanga
y a los tétricos tamboriles.

Chalecos morados, zapatos
morados, sombreros
llenaban de manchas violetas
las avenidas como un río
de enfermedades pustulosas
que desembocaba en los vidrios
inútiles de la catedral.
Algo infinitamente lúgubre
còmo el incienso, la copiosa
aglomeración de las llagas
hería los ojos uniéndose
con las llamas afrodisíacas
del apretado río humano.

Vi al obęso terrateniente
sudando en los sobrepellices,
rascándose los goterones
de sagrada esperma en la nuca.

177

Vi al zaparrastroso gusano
de las estériles montañas,
al indio de rostro perdido
en las vasijas, al pastor
de llamas dulces, a las niñas
cortantes de las sacristías,
a los profesores de aldea
con rostros azules y hambrientos.
Narcotizados bailadores
con camisones purpurinos
iban los negros pataleando
sobre tambores' invisibles.
Y todo Perú se golpeaba
el pecho mirando la estatua
de una señora remilgada,
azul-celeste y rosadilla
que navegaba las cabezas
en su barco de confitura
hinchado de aire sudoroso.

LA
STANDARD
OIL Co.

Cuando el barreno se abrió paso
hacia las simas pedregales
y hundió su intestino implacable
en las haciendas subterráneas,
y los años muertos, los ojos
de las edades, las raíces
de las plantas encarceladas
y los sistemas escamosos
se hicieron estratas del agua,
subió por los tubos el fuego
convertido en líquido frío,
en la aduana de las alturas
a la salida de su mundo
de profundidad tenebrosa,
encontró un pálido ingeniero
y un título de propietario.

Aunque se enreden los caminos
del petróleo, aunque las napas
cambien su sitio silencioso
y muevan su soberanía
entre los vientres de la tierra,
cuando sacude el surtidor
su ramaje de parafina,
antes llegó la Standard Oil
con sus letrados y sus botas.

con sus cheques y sus fusiles,
con sus gobiernos y sus presos.

Sus obesos emperadores
viven en New York, son suaves
y sonrientes asesinos,
que compran seda, nylon, puros,
tiranuelos y dictadores.

Compran países, pueblos, mares,
policías, diputaciones,
lejanas comarcas en donde
los pobres guardan su maíz
como los avaros el oro:
la Standard Oil los despierta,
los uniforma, les designa
cuál es el hermano enemigo,
y el paraguayo hace su guerra
y el boliviano se deshace
con su ametralladora en la selva.

Un presidente asesinado
por una gota de petróleo,
una hipoteca de millones
de hectáreas, un fusilamiento
rápido en una mañana
mortal de luz, petrificada,
un nuevo campo de presos
subversivos· en Patagonia,
una traición, un tiroteo
bajo la luna petrolada,
un cambio sutil de ministros
en la capital, un rumor
como una marea de aceite,
y luego el zarpazo, y verás
cómo brillan, sobre las nubes,
sobre los mares, en tu casa,
las letras de la Standard Oil
iluminando sus dominios.

LA
ANACONDA
COPPER
MINING Co.
Nombre enrollado de serpiente,
fauce insaciable, monstruo verde,
en las alturas agrupadas,
en la montura enrarecida
de mi país, bajo la luna

de la dureza, excavadora,
abres los cráteres luminarios
del mineral, las galerías
del cobre virgen, enfundado
en sus arenas de granito.

Yo he visto arder en la noche eterna
de Chuquicamata, en la altura,
el fuego de los sacrificios,
la crepitación desbordante
del cíclope que devoraba
la mano, el peso, la cintura
de los chilenos, enrollándolos
bajo sus vértebras de cobre,
vaciándoles la sangre tibia,
triturando los esqueletos
y escupiéndolos en los montes
de los desiertos desolados.

El aire suena en las alturas
de Chuquicamata estrellada.
Los socavones aniquilan
con manos pequeñitas de hombre
la resistencia del planeta,
trepida el ave sulfurosa
de las gargantas, se amotina
el férreo frío del metal
con sus hurañas cicatrices,
y cuando aturden las bocinas
la tierra se traga un desfile
de hombres minúsculos que bajan
a las mandíbulas del cráter.

Son pequeñitos capitanes,
sobrinos míos, hijos míos,
y cuando vierten los lingotes
hacia los mares, y se limpian
la frente y vuelven trepidando
en el último escalofrío,
la gran serpiente se los come,
los disminuye, los tritura,
los cubre de baba maligna,
los arroja por los caminos,
los mata con la policía,
los hace pudrir en Pisagua,
los encarcela, los escupe,
compra un Presidente traidor

que los insulta y los persigue,
los mata de hambre en las llanuras
de la inmensidad arenosa.

Y hay una y otra cruz torcida
en las laderas infernales
como única leña dispersa
del árbol de la minería.

LA UNITED FRUIT Co. Cuando sonó la trompeta, estuvo
todo preparado en la tierra,
y Jehová repartió el mundo
a Coca-Cola Inc., Anaconda,
Ford Motors, y otras entidades:
la Compañía Frutera Inc.
se reservó lo más jugoso,
la costa central de mi tierra,
la dulce cintura de América.
Bautizó de nuevo sus tierras
como "Repúblicas Bananas",
y sobre los muertos dormidos,
sobre los héroes inquietos
que conquistaron la grandeza,
la libertad y las banderas,
estableció la ópera bufa:
enajenó los albedríos,
regaló coronas de César,
desenvainó la envidia, atrajo
la dictadura de las moscas,
moscas Trujillos, moscas Tachos,
moscas Carías, moscas Martínez,
moscas Ubico, moscas húmedas
de sangre humilde y mermelada,
moscas borrachas que zumban
sobre las tumbas populares,
moscas de circo, sabias moscas
entendidas en tiranía.

Entre las moscas sanguinarias
la Frutera desembarca,
arrasando el café y las frutas,
en sus barcos que deslizaron
como bandejas el tesoro
de nuestras tierras sumergidas.

Mientras tanto, por los abismos

azucarados de los puertos,
caían indios sepultados
en el vapor de la mañana:
un cuerpo rueda, una cosa
sin nombre, un número caído,
un racimo de fruta muerta
derramada en el pudridero.

LAS
TIERRAS
Y LOS
HOMBRES

Viejos terratenientes incrustados
en la tierra como huesos
de pavorosos animales,
supersticiosos herederos
de la encomienda, emperadores
de una tierra oscura, cerrada
con odio y cercados de púa.

Entre los cercos el estambre
del ser humano fue ahogado,
el niño fue enterrado vivo,
se le negó el pan y la letra,
se le marcó como inquilino,
se le condenó a los corrales.
Pobre peón infortunado
entre las zarzas, amarrado
a la no existencia, a la sombra
de las praderías salvajes.

Sin libro fuiste carne inerme,
y luego insensato esqueleto,
comprado de una vida a otra,
rechazado en la puerta blanca
sin más amor que una guitarra
desgarradora en su tristeza
y el baile apenas encendido
como una ráfaga mojada.

Pero no sólo fue en los campos
la herida del hombre. Más lejos,
más cerca, más hondo clavaron:
en la ciudad, junto al palacio,
creció el conventillo leproso,
pululante de porquería,
con su acusadora gangrena.

Yo he visto en los agrios recodos
de Talcahuano, en la encharcada

cenicería de los cerros,
hervir los pétalos inmundos
de la pobreza, el amasijo
de corazones degradados,
la pústula abierta en la sombra
del atardecer submarino,
la cicatriz de los harapos,
y la substancia envejecida
del hombre hirsuto y apaleado.

Yo entré en las casas profundas,
como cuevas de ratas, húmedas
de salitre y de sal podrida,
vi arrastrarse seres hambrientos,
oscuridades desdentadas,
que trataban de sonreírme
a través del aire maldito.

Me atravesaron los dolores
de mi pueblo, se me enredaron
como alambrados en el alma:
me crisparon el corazón:
salí a gritar por los caminos,
salí a llorar envuelto en humo,
toqué las puertas y me hirieron
como cuchillos espinosos,
llamé a los rostros impasibles
que antes adoré como estrellas
y me mostraron su vacío.
Entonces me hice soldado:
número oscuro, regimiento,
orden de puños combatientes,
sistema de la inteligencia,
fibra del tiempo innumerable,
árbol armado, indestructible
camino del hombre en la tierra.

Y vi cuántos éramos, cuántos
estaban junto a mí, no eran
nadie, eran todos los hombres,
no tenían rostro, eran pueblo,
eran metal, eran caminos.
Y anduve con los mismos pasos
de la primavera en el mundo.

LOS MENDIGOS

Junto a las catedrales, anudados
al muro, acarrearon
sus pies, sus bultos, sus miradas negras,
su crecimientos lívidos de gárgolas,
sus latas andrajosas de comida,
y desde allí, desde la dura
santidad de la piedra,
se hicieron flora de la calle, errantes
flores de las legales pestilencias.

El parque tiene sus mendigos
como sus árboles de torturados
ramajes y raíces:
a los pies del jardín vive el esclavo,
como al final del hombre, hecho basura,
aceptada su impura simetría,
listo para la escoba de la muerte.

La caridad lo entierra
en su agujero de tierra leprosa:
sirve de ejemplo al hombre de mis días.
Debe aprender a pisotear, a hundir
la especie en los pantanos del desprecio,
a poner los zapatos en la frente
del ser con uniforme de vencido,
o por lo menos debe comprenderlo
en los productos de la naturaleza.
Mendigo americano, hijo del año
1948, nieto
de catedrales, yo no te venero,
yo no voy a poner marfil antiguo,
barbas de rey en tu escrita figura,
como te justifican en los libros,
yo te voy a borrar con esperanza:
no entrarás a mi amor organizado,
no entrarás a mi pecho con los tuyos,
con los que te crearon escupiendo
tu forma degradada,
yo apartaré tu arcilla de la tierra
hasta que te construyan los metales
y salgas a brillar como una espada.

LOS INDIOS

El indio huyó desde su piel al fondo
de antigua inmensidad de donde un día
subió como las islas: derrotado,
se transformó en atmósfera invisible,

se fue abriendo en la tierra, derramando
su secreta señal sobre la arena.

El que gastó la luna, el que peinaba
la misteriosa soledad del mundo,
el que no transcurrió sin levantarse
en altas piedras de aire coronadas,
el que duró como la luz celeste
bajo la magnitud de su arboleda,
se gastó de repente hasta ser hilo,
se convirtió en arrugas,
desmenuzó sus torres torrenciales
y recibió su paquete de harapos.

Yo lo vi en las alturas imantadas
de Amatitlán, royendo las orillas
del agua impenetrable: anduve un día
sobre la majestad abrumadora
del monte boliviano, con sus restos
de pájaro y raíz.
                           Yo vi llorar
a mi hermano de loca poesía,
Alberti, en los recintos araucanos,
cuando lo rodearon como a Ercilla
y eran, en vez de aquellos dioses rojos,
una cadena cárdena de muertos.

Más lejos, en la red de agua salvaje
de la Tierra del Fuego,
los vi subir, oh lobos, desgreñados,
a las piraguas rotas,
a mendigar el pan en el Océano.

Allí fueron matando cada fibra
de sus desérticos dominios,
y el cazador de indios recibía
sucios billetes por traer cabezas,
de los dueños del aire, de los reyes
de la nevada soledad antártica.

Los que pagaron crímenes se sientan
hoy en el Parlamento, matriculan
sus matrimonios en las Presidencias,
viven con Cardenales y Gerentes,
y sobre la garganta acuchillada
de los dueños del Sur crecen las flores.

Ya de la Araucanía los penachos
fueron desbaratados por el vino,
raídos por la pulpería,
ennegrecidos por los abogados
al servicio del robo de su reino,
y a los que fusilaron a la tierra,
a los que en los caminos defendidos
por el gladiador deslumbrante
de nuestra propia orilla
entraron disparando y negociando,
llamaron "Pacificadores"
y les multiplicaron charreteras.

Así perdió sin ver, así invisible
fue para el indio el desmoronamiento
de su heredad: no vio los estandartes,
no echó a rodar la flecha ensangrentada,
sino que lo royeron, poco a poco,
magistrados, rateros, hacendados,
todos tomaron su imperial dulzura,
todos se le enredaron en la manta
hasta que lo tiraron desangrándose
a las últimas ciénagas de América.

Y de las verdes láminas, del cielo
innumerable y puro del follaje,
de la inmortal morada construida
con pétalos pesados de granito,
fue conducido a la cabaña rota,
al árido albañal de la miseria.
De la fulguradora desnudez,
dorados pechos, pálida cintura,
o de los ornamentos minerales
que unieron a su piel todo el rocío,
lo llevaron al hilo del andrajo,
le repartieron pantalones muertos
y así paseó su majestad parchada
por el aire del mundo que fue suyo.

Así fue cometido este tormento.

El hecho fue invisible como entrada
de traidor, como impalpable cáncer,
hasta que fue agobiado nuestro padre,
hasta que le enseñaron a fantasma
y entró a la única puerta que le abrieron,
la puerta de otros pobres, la de todos
los azotados pobres de la tierra.

Por el alto Perú, por Nicaragua,
sobre la Patagonia, en las ciudades,
no tuviste razón, no tienes nada:
copa de miseria, abandonado
hijo de las Américas, no hay
ley, no hay juez que te proteja
la tierra, la casita con maíces.

Cuando llegó la casta de los tuyos,
de los señores tuyos, ya olvidado
el sueño antiguo de garras y cuchillos,
vino la ley a despoblar tu cielo,
a arrancarte terrones adorados,
a discutir el agua de los ríos,
a robarte el reinado de los árboles.

Te atestiguaron, te pusieron sellos
en la camisa, te forraron
el corazón con hojas y papeles,
te sepultaron en edictos fríos,
y cuando despertaste en la frontera
de la más despeñada desventura,
desposeído, solitario, errante,
te dieron calabozo, te amarraron,
te maniataron para que nadando
no salieras del agua de los pobres,
sino que te ahogaras pataleando.

El juez benigno te lee el inciso
número Cuatromil, Tercer acápite,
el mismo usado en toda
la geografía azul que libertaron
otros que fueron como tú y cayeron,
y te instituye por su codicilo
y sin apelación, perro sarnoso.

Dice tu sangre, cómo entretejieron
al rico y a la ley? Con qué tejido
de hierro sulfuroso, cómo fueron
cayendo pobres al juzgado?
Cómo se hizo la tierra tan amarga
para los pobres hijos, duramente
amamantados con piedra y dolores?
Así pasó y así lo dejo escrito.
Las vidas lo escribieron en mi frente.

LOS
MUERTOS
DE LA PLAZA
28 de enero
1946
Santiago de
Chile

Yo NO vengo a llorar aquí donde cayeron:
vengo a vosotros, acudo a los que viven.
Acudo a ti y a mí y en tu pecho golpeo.
Cayeron otros antes. Recuerdas? Sí, recuerdas.
Otros que el mismo nombre y apellido tuvieron.
En San Gregorio, en Lonquimay lluvioso,
en Ranquil, derramados por el viento,
en Iquique, enterrados en la arena,
a lo largo del mar y del desierto,
a lo largo del humo y de la lluvia,
desde las pampas a los archipiélagos
fueron asesinados otros hombres,
otros que como tú se llamaban Antonio
y que eran como tú pescadores o herreros:
carne de Chile, rostros
cicatrizados por el viento,
martirizados por la pampa,
firmados por el sufrimiento.

Yo encontré por los muros de la patria,
junto a la nieve y su cristalería,
detrás del río de ramaje verde,
debajo del nitrato y de la espiga,
una gota de sangre de mi pueblo
y cada gota, como el fuego, ardía.

Pero entonces la sangre fue escondida
                        detrás de las raíces, fue lavada
y negada
(fue tan lejos), la lluvia del Sur la borró de la tierra
(tan lejos fue), el salitre la devoró en la pampa:
y la muerte del pueblo fue como siempre ha sido:
como si no muriera nadie, nada,
como si fueran piedras las que caen
sobre la tierra, o agua sobre el agua.

De Norte a Sur, adonde trituraron
o quemaron los muertos,
fueron en las tinieblas sepultados,
o en la noche quemados en silencio,
acumulados en un pique
o escupidos al mar sus huesos:

nadie sabe dónde están ahora,
no tienen tumba, están dispersos
en las raíces de la patria
sus martirizados dedos:
sus fusilados corazones:
la sonrisa de los chilenos:
los valerosos de la pampa:
los capitanes del silencio.

Nadie sabe dónde enterraron
los asesinos estos cuerpos,
pero ellos saldrán de la tierra
a cobrar la sangre caída
en la resurrección del pueblo.

En medio de la Plaza fue este crimen.

No escondió el matorral la sangre pura
del pueblo, ni la tragó la arena de la **pampa**.

Nadie escondió este crimen.

Este crimen fue en medio de la Patria.

LOS
HOMBRES
DEL
NITRATO

Yo estaba en el salitre, con los héroes oscuros,
con el que cava nieve fertilizante y fina
en la corteza dura del planeta,
y estreché con orgullo sus manos de tierra.

Ellos me dijeron: "Mira,
hermano, cómo vivimos,
aquí en "Humberstone", aquí en "Mapocho",
en "Ricaventura", en "Paloma",
en "Pan de Azúcar, en "Piojillo".

Y me mostraron sus raciones
de miserables alimentos,
su piso de tierra en las casas,
el sol, el polvo, las vinchucas,
y la soledad inmensa.

Yo vi el trabajo de los derripiadores,
que dejan sumida, en el mango

de la madera de la pala,
toda la huella de sus manos.

Yo escuché una voz que venía
desde el fondo estrecho del pique,
como de un útero infernal,
y después asomar arriba
una criatura sin rostro,
una máscara polvorienta
de sudor, de sangre y de polvo.

Y ése me dijo: "Adonde vayas,
habla tú de estos tormentos,
habla tú, hermano, de tu hermano
que vive abajo, en el infierno."

LA MUERTE Pueblo, aquí decidiste dar tu mano
al perseguido obrero de la pampa, y llamaste,
llamaste al hombre, a la mujer, al niño,
hace un año, a esta Plaza.
       Y aquí cayó tu sangre.
En medio de la patria fue vertida,
frente al palacio, en medio de la calle,
para que la mirara todo el mundo
y no pudiera borrarla nadie,
y quedaran sus manchas rojas
como planetas implacables.

Fue cuando mano y mano de chileno
alargaron sus dedos a la pampa,
y con el corazón entero
iría la unidad de sus palabras:
fue cuando ibas, pueblo, a cantar
una vieja canción con lágrimas,
con esperanza y con dolores:
vino la mano del verdugo
y empapó de sangre la plaza!

CÓMO
NACEN
LAS
BANDERAS Están así hasta hoy nuestras banderas.
El pueblo las bordó con su ternura,
cosió los trapos con su sufrimiento.

Clavó la estrella con su mano ardiente.

Y cortó, de camisa o firmamento,
azul para la estrella de la patria.

El rojo, gota a gota, iba naciendo.

**LOS
LLAMO**
Uno a uno hablaré con ellos esta tarde.
Uno a uno, llegáis en el recuerdo,
esta tarde, a esta plaza.

Manuel Antonio López,
camarada.

Lisboa Calderón,
otros te traicionaron, nosotros continuamos tu jornada.

Alejandro Gutiérrez,
el estandarte que cayó contigo
sobre toda la tierra se levanta.

César Tapia,
tu corazón está en estas banderas,
palpita hoy el viento de la plaza.

Filomeno Chávez,
nunca estreché tu mano, pero aquí está tu mano:
es una mano pura que la muerte no mata.

Ramona Parra, joven
estrella iluminada,
Ramona Parra, frágil heroína,
Ramona Parra, flor ensangrentada,
amiga nuestra, corazón valiente,
niña ejemplar, guerrillera dorada:
juramos en tu nombre continuar esta lucha
para que así florezca tu sangre derramada.

**LOS
ENEMIGOS**
Ellos aquí trajeron los fusiles repletos
de pólvora, ellos mandaron el acerbo exterminio,
ellos aquí encontraron un pueblo que cantaba,
un pueblo por deber y por amor reunido,
y la delgada niña cayó con su bandera,
y el joven sonriente rodó a su lado herido,

y el estupor del pueblo vio caer a los muertos
con furia y con dolor.
Entonces, en el sitio
donde cayeron los asesinados,
bajaron las banderas a empaparse de sangre
para alzarse de nuevo frente a los asesinos.

Por estos muertos, nuestros muertos,
pido castigo.

Para los que de sangre salpicaron la patria,
pido castigo.

Para el verdugo que mandó esta muerte
pido castigo.

Para el traidor que ascendió sobre el crimen,
pido castigo.

Para el que dio la orden de agonía,
pido castigo.

Para los que defendieron este crimen,
pido castigo.

> No quiero que me den la mano
> empapada con nuestra sangre.
> Pido castigo.
> No los quiero de Embajadores,
> tampoco en su casa tranquilos,
> los quiero ver aquí juzgados,
> en esta plaza, en este sitio.

> Quiero castigo.

ESTAN He de llamar aquí como si aquí estuvieran.
AQUÍ Hermanos: sabed que nuestra lucha
continuará en la tierra.

Continuará en la fábrica, en el campo,
en la calle, en la salitrera.

En el cráter del cobre verde y rojo,

en el carbón y su terrible cueva.
Estará nuestra lucha en todas partes,
y en nuestro corazón, estas banderas
que presenciaron vuestra muerte,
que se empaparon en la sangre vuestra,
se multiplicarán como las hojas
de la infinita primavera.

SIEMPRE Aunque los pasos toquen mil años este sitio,
no borrarán la sangre de los que aquí cayeron.

Y no se extinguirá la hora en que caísteis,
aunque miles de voces crucen este silencio.
La lluvia empapará las piedras de la plaza,
pero no apagará vuestros nombres de fuego.

Mil noches caerán con sus alas oscuras,
sin destruir el día que esperan estos muertos.

El día que esperamos a lo largo del mundo
tantos hombres, el día final del sufrimiento.

Un día de justicia conquistada en la lucha,
y vosotros, hermanos caídos, en silencio,
estaréis con nosotros en ese vasto día
de la lucha final, en ese día inmenso.

IV

CRÓNICA
DE 1948
(América)

MAL AÑO, *año de ratas, año impuro!*

Alta y metálica es tu línea
en las orillas del océano
y del aire, como un alambre
de tempestades y tensión.
Pero, América, también eres
nocturna, azul y pantanosa:
ciénaga y cielo, una agonía
de corazones aplastados
como negras naranjas rotas
en tu silencio de bodega.

Desenfrenado Paraguay!
De qué sirvió la luna pura
iluminando los papeles
de la geometría dorada?
Para qué sirvió el pensamiento
heredado de las columnas
y de los números solemnes?

Para este agujero abrumado
de sangre podrida, para
este hígado equinoccial
arrebatado por la muerte.
Para Moriñigo reinante,
sentado sobre las prisiones
en su charca de parafina,
mientras las plumas escarlatas
de los colibríes eléctricos
vuelan y fulguran sobre
los pobres muertos de la selva.

> *Mal año, año de rosas desmedradas,*
> *año de carabinas, mira, bajo tus ojos*
> *no te ciegue*
> *el aluminio del avión, la música*
> *de su velocidad seca y sonora:*
> *mira tu pan, tu tierra, tu multitud raída,*
> *tu estirpe rota!*
> > *Miras ese valle*
> *verde y ceniza desde el alto cielo?*
> *Pálida agricultura, minería*
> *harapienta, silencio y llanto*
> *como el trigo, cayendo*
> *y naciendo*
> > *en una eternidad malvada.*

Brasil, el Dutra, el pavoroso
pavo de las tierras calientes,
engordado por las amargas
ramas del aire venenoso:
sapo de las negras ciénagas
de nuestra luna americana:
botones dorados, ojillos
de rata gris amoratada:
Oh, Señor, de los intestinos
de nuestra pobre madre hambrienta,
de tanto sueño y resplandecientes

libertadores, de tanto
sudor sobre los agujeros
de la mina, de tanta y tanta
soledad en las plantaciones,
América, elevas de pronto
a tu claridad planetaria
a un Dutra sacado del fondo
de tus reptiles, de tu sorda
profundidad y prehistoria.

Y así sucedió!
        Albañiles
del Brasil, golpead la frontera,
pescadores, llorad de noche
sobre las aguas litorales,
mientras Dutra, con sus pequeños
ojos de cerdo selvático,
rompe con un hacha la imprenta,
quema los libros en la plaza,
encarcela, persigue y fustiga
hasta que el silencio se hace
en nuestra noche tenebrosa.

CUBA En Cuba están asesinando!

Ya tienen a Jesús Menéndez
en un cajón recién comprado.
Él salió, como un rey, del pueblo,
y anduvo mirando raíces,
deteniendo a los transeúntes,
golpeando el pecho a los dormidos,
estableciendo las edades,
componiendo las almas rotas,
y levantando del azúcar
los sangrientos cañaverales,
el sudor que pudre las piedras,
preguntando por las cocinas
pobres: quién eres?, cuánto comes?,
tocando este brazo, esta herida,
y acumulando estos silencios
en una sola voz, la ronca
voz entrecortada de Cuba.

        Lo asesinó un capitancito,
un generalito: en un tren

le dijo: ven, y por la espalda
hizo fuego el generalito,
para que callara la voz
ronca de los cañaverales.

CENTRO-
AMÉRICA

*Mal año, ves más allá de la espesa
sombra de matorrales la cintura
de nuestra geografía?*

*Una ola estrella
como un panal sus abejas azules
contra la costa y vuelan los destellos
del doble mar sobre la tierra angosta...*

Delgada tierra como un látigo,
calentada como un tormento,
tu paso en Honduras, tu sangre
en Santo Domingo, de noche,
tus ojos desde Nicaragua
me tocan, me llaman, me exigen,
y por la tierra americana
toco las puertas para hablar,
toco las lenguas amarradas,
levanto las cortinas, hundo
la mano en la sangre:
Oh, dolores
de tierra mía, oh, estertores
del gran silencio establecido,
oh, pueblos de larga agonía,
oh, cintura de los sollozos.

PUERTO
RICO

Mr. Truman llega a la Isla
de Puerto Rico,
viene al agua
azul de nuestros mares puros
a lavar sus dedos sangrientos.
Acaba de ordenar la muerte
de doscientos jóvenes griegos,
sus ametralladoras funcionan
estrictamente,
cada día
por sus órdenes las cabezas
dóricas —uva y oliva—,
ojos del mar antiguo, pétalos
de la corola corinthiana,
caen al polvo griego.

196

Los asesinos
alzan la copa
dulce de Chipre con los
expertos norteamericanos,
entre grandes risotadas, con
los bigotes chorreantes
de aceite frito y sangre griega.

Truman a nuestras aguas llega
a lavarse las manos rojas
de la sangre lejana. Mientras,
decreta, predica y sonríe
en la Universidad, en su idioma,
cierra la boca castellana,
cubre la luz de las palabras
que allí circularon como un
río de estirpe cristalina
y estatuye: "Muerte a tu lengua,
Puerto Rico."

GRECIA   (La sangre griega
baja en esta hora. Amanece
en las colinas.
                    Es un simple
arroyo entre el polvo y las piedras:
los pastores pisan la sangre
de otros pastores:
                    es un simple
hilo delgado que desciende
desde los montes hasta el mar,
hasta el mar que conoce y canta.)

...A tu tierra, a tu mar vuelve los ojos,
mira la claridad en las australes
aguas y nieves, construye el sol las uvas,
brilla el desierto, el mar de Chile surge
con su línea golpeada...

En Lota están las bajas minas
del carbón: es un puerto frío,
del grave invierno austral, la lluvia
cae y cae sobre los techos, alas
de gaviotas color de niebla,
y bajo el mar sombrío el hombre
cava y cava el recinto negro.

La vida del hombre es oscura
como el carbón, noche andrajosa,
pan miserable, duro día.

Yo por el mundo anduve largo,
pero jamás por los caminos
o las ciudades, nunca vi
más maltratados a los hombres.
Doce duermen en una pieza.
Las habitaciones tienen
techos de restos sin nombre:
pedazos de hojalata, piedras,
cartones, papeles mojados.
Niños y perros, en el vapor
húmedo de la estación fría,
se agrupan hasta darse el fuego
de la pobre vida que un día
será otra vez hambre y tinieblas.

LOS   Una huelga más, los salarios
TORMENTOS no alcanzan, las mujeres lloran
en las cocinas, los mineros
juntan una a una sus manos
y sus dolores.
                Es la huelga
de los que bajo el mar excavaron,
tendidos en la cueva húmeda,
y extrajeron con sangre y fuerza
el terrón negro de las minas.
Esta vez vinieron soldados.
Rompieron sus casas, de noche.
Los condujeron a las minas
como a un presidio y saquearon
la pobre harina que guardaban,
el grano de arroz de los hijos.

Luego, golpeando las paredes,
los exilaron, los hundieron,
los acorralaron, marcándolos
como a bestias, y en los caminos,
en un éxodo de dolores,
los capitanes del carbón
vieron expulsados sus hijos,
atropelladas sus mujeres
y a centenares de mineros

trasladados y encarcelados,
a Patagonia, en el frío antártico,
o a los desiertos de Pisagua.

**EL
TRAIDOR**

Y encima de estas desventuras
un tirano que sonreía
escupiendo las esperanzas
de los mineros traicionados.

Cada pueblo con sus dolores,
cada lucha con sus tormentos,
pero venid aquí a decirme
si entre los sanguinarios,
entre todos los desmandados
déspotas, coronados de odio,
con cetros de látigos verdes,
alguno fue como el de Chile?
Éste traicionó pisoteando
sus promesas y sus sonrisas,
éste del asco hizo su cetro,
éste bailó sobre los dolores
de su pobre pueblo escupido.

Y cuando en las prisiones llenas
por sus desleales decretos
se acumularon ojos negros
de agraviados y de ofendidos,
él bailaba en Viña del Mar,
rodeado de alhajas y copas.

Pero los negros ojos miran
a través de la noche negra.

*Tú qué hiciste? No vino tu palabra
para el hermano de las bajas minas,
para el dolor de los traicionados,
no vino a ti la sílaba de llamas
para clamar y defender tu pueblo?*

ACUSO

Acusé entonces al que había
estrangulado la esperanza,
llamé a los rincones de América
y puse su nombre en la cueva

de las deshonras.
                                    Entonces crímenes
me reprocharon, la jauría
de los vendidos y alquilados:
los "secretarios de gobierno",
los policías, escribieron
con alquitrán su espeso insulto
contra mí, pero las paredes
miraban cuando los traidores
escribían con grandes letras
mi nombre, y la noche borraba,
con sus manos innumerables,
manos del pueblo y de la noche,
la ignominia que vanamente
quieren arrojar a mi canto.

Fueron de noche a quemar entonces
mi casa (el fuego marca ahora
el nombre de quien los enviara),
y los jueces se unieron todos
para condenarme, buscándome,
para crucificar mis palabras
y castigar estas verdades.

Cerraron las cordilleras
de Chile para que no partiera
a contar lo que aquí sucede,
y cuando México abrió sus puertas
para recibirme y guardarme,
Torres Bodet, pobre poeta,
ordenó que se me entregara
a los carceleros furiosos.

Pero mi palabra está viva,
y mi libre corazón acusa.

*Qué pasará, qué pasará? En la noche
de Pisagua, la cárcel, las cadenas,
el silencio, la patria envilecida,
y este mal año, año de ratas ciegas,
este mal año de ira y de rencores,
qué pasará, preguntas, me preguntas?*

Está mi corazón en esta lucha.
Mi pueblo vencerá. Todos los pueblos
vencerán, uno a uno.

Estos dolores
se exprimirán como pañuelos hasta
estrujar tantas lágrimas vertidas
en socavones del desierto, en tumbas,
en escalones del martirio humano.
Pero está cerca el tiempo victorioso.
Que sirva el odio para que no tiemblen
las manos del castigo,

que la hora
llegue a su horario en el instante puro,
y el pueblo llene las calles vacías
con sus frescas y firmes dimensiones.

Aquí está mi ternura para entonces.
La conocéis. No tengo otra bandera.

V

GONZALEZ
VIDELA
EL TRAIDOR
DE CHILE
(Epílogo)
1949

De las antiguas cordilleras salieron los verdugos,
como huesos, como espinas americanas en el hirsuto
lomo
de una genealogía de catástrofes: establecidos fueron,
enquistados en la miseria de nuestras poblaciones.
Cada día la sangre manchó sus alamares.
Desde las cordilleras como bestias huesudas
fueron procreados por nuestra arcilla negra.
Aquéllos fueron los saurios tigres, los dinastas glaciales,
recién salidos de nuestras cavernas y de nuestras
derrotas.
Así desenterraron los maxilares de Gómez
bajo las carreteras manchadas por cincuenta años de
nuestra sangre.

La bestia oscurecía las tierras con sus costillas
cuando después de las ejecuciones se torcía el bigote
junto al Embajador Norteamericano que le servía el té.

Los monstruos envilecieron, pero no fueron viles.
Ahora
en el rincón que la luz reservó a la pureza,
en la nevada patria blanca de Araucanía,
un *traidor* sonríe sobre un trono podrido.

En mi patria preside la vileza.

Es González Videla la rata que sacude
su pelambrera llena de estiércol y de sangre
sobre la tierra mía que vendió. Cada día
saca de sus bolsillos las monedas robadas
y piensa si mañana venderá territorio
o sangre.
            Todo lo ha *traicionado*.
Subió como una rata a los hombros del pueblo
y desde allí, royendo la bandera sagrada
de mi país, ondula su cola roedora
diciendo al hacendado, al extranjero, dueño
del subsuelo de Chile: "Bebed toda la sangre
de este pueblo, yo soy el mayordomo
de los suplicios."
                    Triste clown, miserable
mezcla de mono y rata, cuyo rabo
peinan en Wall Street con pomada de oro,
no pasarán los días sin que caigas del árbol
y seas el montón de inmundicia evidente
que el transeúnte evita pisar en las esquinas!

Así ha sido. La *traición* fue Gobierno de Chile.
Un traidor ha dejado su nombre en nuestra historia.
Judas enarbolando dientes de calavera
vendió a mi hermano,
                        dio veneno a mi patria,
fundó Pisagua, demolió nuestra estrella,
escupió los colores de una bandera pura.

Gabriel González Videla. Aquí dejo su nombre,
para que cuando el tiempo haya borrado
la ignominia, cuando mi patria limpie
su rostro iluminado por el trigo y la nieve,
más tarde, los que aquí busquen la herencia
que en estas líneas dejo como una brasa verde
hallen también el nombre del traidor que trajera
la copa de agonía que rechazó mi pueblo.

Mi pueblo, pueblo mío, levanta tu destino!
Rompe la cárcel, abre los muros que te cierran!
Aplasta el paso torvo de la rata que manda
desde el Palacio: sube tus lanzas a la aurora,
y en lo más alto deja que tu estrella iracunda
fulgure, iluminando los caminos de América.

ORDEN DEL LIBRO

I

LA LÁMPARA EN LA TIERRA
(7-23)

II

ALTURAS DE MACCHU PICCHU
(25-39)

III

LOS CONQUISTADORES
(41-70)

IV

LOS LIBERTADORES
(71-147)

V

LA ARENA TRAICIONADA
(149-204)